纳兰容若

独自闲行

独自吟

武芳芳◎著

北京燕山出版社
BEIJING YANSHAN PRESS

图书在版编目（CIP）数据

纳兰容若：独自闲行独自吟／武芳芳著. ——北京：北京燕山出版社，2017.3

ISBN 978 – 7 – 5402 – 4437 – 8

Ⅰ. ①纳… Ⅱ. ①武… Ⅲ. ①纳兰性德（1654 – 1685）– 传记Ⅳ. ①K825.6

中国版本图书馆 CIP 数据核字（2017）第 050047 号

纳兰容若：独自闲行独自吟

作　　者	武芳芳
责任编辑	王　迪
设　　计	张合涛
责任校对	岳　欣
出版发行	北京燕山出版社有限公司
地　　址	北京市丰台区东铁营苇子坑路 138 号
电　　话	010 – 65243837
邮　　编	100078
印　　刷	北京圣夫亚美印刷有限公司
开　　本	880mm×1230mm 1/32
字　　数	181.17 千字
印　　张	8.5
版　　次	2019 年 1 月第 1 版
印　　次	2023 年 4 月第 2 次印刷
定　　价	46.00 元

版权所有 违者必究

如发现印张质量问题，请与印厂联系

前言

烟花三月，得与君遇

每至春季，扬州琼花盛放，明亮了整个江南的三月。

遇见他，在那三月烟花绽放的时节。几阕词，几段情，几抹愁思，几许豪气，便将这个如玉公子刻画进了心底。

纳兰容若。

这样干净的四个字，没有什么特别的修饰，就是一池清水里自然生长出来的莲花，或是披上了一层朦胧薄雾的远山。初读时，平静，细嚼起来，却又意味深长。他的名字，一点儿也不像满族人名那般晦涩，倒沾染着几分江南青山流水，古道人家的诗意。

照理来说，婉约词人多由江南雨巷孕育而生，如李煜、柳三变、秦观等，纳兰容若却是一个地地道道的北方人，且来自一个善骑术、喜烈酒、满身豪气的民族。他出生在了朔朔北风的京城，瑰丽却肃杀的紫禁城，他是曾经纵横草原的叶赫部后代，他的祖先曾与努尔哈赤逐鹿中原。按照这样的家族背景，他本该是马背上一个英勇的将军，可他却成了马背上的公子，词坛里的一块和氏璧，让人每每读到他的名字时，便能够想到江南清风中翩飞的柳絮和细雨廊桥下的涓涓流水。

公子如玉，触手也温。

第一次知晓纳兰容若这个名字是在极小的时候，在一部叫做《烟花三月》的电视剧，如今已记不得剧中演了个什么情节，只记得江南、飞花、美人，还有就是那深深镌刻入骨的"纳兰容若"这个名字。

怎么会有这样一个人，如同三月飞花，倾人一世独恋？在一个充满了彷徨和萧条的时代，遗世独立，用一袭青衫、满袖秋风和几点绸墨晕开那朦胧的词卷。

再见纳兰容若，为那一首《木兰花令·拟古决绝词》：

> 人生若只如初见，何事秋风悲画扇。等闲变却故人

心，却道故人心易变。

骊山语罢清宵半，泪雨霖铃终不怨。何如薄幸锦衣郎，比翼连枝当日愿。

彼时正是懵懂时期，爱他人风花雪月，爱他人刻骨铭心，读他人柔肠百转，似乎自己也成了那句读中写着的斯人，无限愁绪涌上心头。此所谓："少年不识愁滋味，欲赋新词强说愁。"虽说矫揉了些，却因此读了好些斐然文章来假装自己是个有学问的人，也因此得以结实那位"人生若只如初见"。

人生若只如初见……该是怎样的通透灵秀，才能吐露出这纤尘不染的一句？又该是经历了怎般的支离，才能如此悲戚。

上天给了他一颗玲珑心，天生便要比旁人多几分感触。"尼采谓：'一切文学，余爱以血书者。'后者之词真所谓以血书者也。"王国维评南唐后主李煜时用了这句，后来一众大家对于纳兰容词，皆认为"直追后主"、"得南唐后主之遗"、"重光后身"等。他的词，每一阙都用血泪书就。幽艳哀断，凄惋处不能卒读。怕是读得深了，便也要如他那般，染上几分不属于人间的殇情。

有人说，但凡能够写得一手漂亮文章的，必然是个多情人。

因为多情，是以能觉察出常人不能觉察之事物；因为多情，是以能感受常人不能感受之情感；因为多情，是以其七情六欲较之常人更多几分。

欢乐时分，只觉山川奔腾，生生不息，这世间便再没有比他更快乐的人，再没有比他正经历的事情更美好的事情了。而哀戚之时，从那玲珑心里散发出来的悲苦亦会扩张至心肝脾肺都抽着疼，仿若窒息。

所以，大多人都不愿意做个多情人。

而那些生下来便被赋予了多情这种性情的人，便只得忍受十分的乐与十分的痛。

纳兰容若的一生，在多情中走过。

从不知真假的一生一代一双人的主角——表妹，到赌书消得泼茶香的挚爱——妻子卢氏，再到江南烟雨中的知己红颜——沈宛，他的爱情，曾绽放出比烟花更加绚烂的光彩，也只如烟花，转瞬而逝。

他从绚烂的烟花中走出来，走过一季春秋，一季冬夏。又走过一季春秋，再走过一季冬夏。如此循环往复，终于在第三十一个深秋的时候，烟花消散。

烟花三月是折不断的柳，梦里江南是喝不完的酒，等到那孤帆远影碧空尽，才知道思念总比西湖瘦……

烟花三月，得与君遇，得以读懂一个纯洁的灵魂和一片玉壶冰心。

目录

第一卷

家　世

言念君子，温其如玉

　　皂甲屯，一个被历史风干的地方，一个吸引了无数史客文人前往，寄与了他们热切衷肠的地方。故去的三百年光阴，位极人臣的一代权相以及风华绝代的一代词人，都在皂甲屯留下了他们最后的气息。这里，曾是明珠府地，明府花园外的北地是明珠家族墓地，纳兰明珠和纳兰性德都长眠于此。

　　纳兰性德（1655—1685 年），叶赫那拉氏，字容若，号楞伽山人。

　　纳兰性德最初是以词人的形象出现在世人眼中的，带着温婉凄凉的色彩，开出了自最美宋词之后，词坛里的又一朵无暇的莲花。"家家争唱《饮水词》，纳兰心事几人知。"曹寅用一句感伤之语揭开了纳兰词在清代词坛上享有的高誉，与阳羡派代表陈维崧、浙西派掌门朱彝尊并称"清词三大家"。直到当代，其余二人的许多风华都已经被历史掩盖，而纳兰性德的词仍是中国文化史上一道避不开的亮丽风景。

　　《纳兰词》和《侧帽集》《饮水词》，收录了纳兰性德词作348首（一说342首），从懵懂的爱情到死别的悲悼，从江南的流水飞花到边塞的铁马胡笳，虽没有如辛弃疾、陆游词那样的波澜壮阔，却是将血脉中的情愫化进了一言一句。他的词，婉丽凄清，使读者哀乐不知所主，如听中宵梵音，带着一种没有经过凡尘俗物侵扰的"真"。王国维评价其为："北宋以来，一人而已。"时人况周颐在《蕙风词话》中赞誉其为"国初第一词手"并有言"容若承平少年，乌衣公子，天分绝高。适承元、明词敝，甚欲推尊斯道，一洗雕虫篆刻之讥。独惜享年不永，力量未充，未能胜起衰之任。其所为词，纯任性灵，纤尘不染，甘受和，白受采，进于沉着浑至何难矣。"顾贞观也有言："容若词一种凄忱处，令人不能卒读，人言愁，我始欲愁。"

　　纳兰性德在词曲上的风华甚至远远地掩盖住了他的家世，乃至让人忘记"纳兰"这个姓氏并不是出自汉族，纳兰性德他是个满人，并且是一个拥有着辉煌家世背景的贵胄。纳兰性德殁后，时人为其做碑文，其中不乏提到纳兰性德的家世，如韩菼《进士一等侍卫纳兰君神道碑》中云："君之先世有叶赫之地，自明初内附中国，讳星根达尔汉，君始祖也，六传至讳杨吉努，君高祖考也。有子三人，第三子讳金台什，君曾祖考也。女弟为太祖高皇帝后，生太宗文皇帝。太祖高皇帝举大事而叶赫为明外捍，数遣使谕，不听，因加兵克叶赫，金台什死焉。卒以旧恩存其世祀。其次子即今太傅公之考，讳倪迓韩，君祖考也。"

尽管纳兰性德出生那会儿，他的父亲纳兰明珠，那个后来康熙朝的武英殿大学士在那时候还只是一个云麾使，母亲爱新觉罗氏也不过是因叛乱而被抄了家的英亲王的女儿，然而纳兰的姓氏，却依旧是满清最显耀的八大姓之一。

自纳兰明珠从銮仪卫治仪迁内务府郎中，又历任内务府总管、弘文院学士、刑部尚书、兵部尚书、武英殿大学士、加太子太傅，又晋太子太师，成为康熙朝赫赫威名的权臣。他的儿子中，长子性德官至正三品一等侍卫；次子揆叙官至都察院左都御史；三子揆方妻为礼亲王代善曾孙和硕康亲王杰书第八女，是为郡主，揆方作为和硕额附，其礼遇与公爵同。而纳兰家三人的后代瞻岱、永寿、永福都在朝任职，一度受皇帝赏识。几代人的荣誉兴盛，构成了纳兰世家。纳兰性德却在家族的官场沉浮中，用一支笔留下了一段有别于家族其他人的词坛传奇，当得"言念君子，温其如玉"之誉。

第一节　君子以成德为行

残雪凝辉冷画屏，落梅横笛已三更，更无人处月胧明。

我是人间惆怅客，知君何事泪纵横，断肠声里忆平生。

——纳兰性德《浣溪沙》

雪后的天穹总是格外明亮，哪怕是在夜深时分，还未曾融化的残雪仍然能凝聚出一种清冷的光辉，将屋里的画屏都镀上了一层冷意。梅花的幽香夹着凉透了的夜风消散开，纷纷扬扬地落在皑皑白雪上，犹如绣了花色的裙衫。横笛悠悠，在三更静夜里，月华在没有人的地方朦朦胧胧地倾泻着。

残雪、凝辉、落梅、横笛、三更、月胧……一种清冷孤寂之感从字句间跳转而出，彷如屈子的"世人皆醉我独醒"，又如苏子的"琼楼玉宇"，"高处不胜寒"。这样的夜色，大抵最能引发多情人的感怀与悲悯情意。

纳兰容若是个打多情红尘中走出来的词人，那是一朵等待在季节里的莲花，沾染着雨后薄雾里的几滴晶莹的水珠，带着淡淡的愁思和阑珊的悲戚色。在那个清静孤冷的夜晚，听着横笛之音，不由得心生几许怅惘和悲悯。

"我是人间惆怅客，知君何事泪纵横"，一个"是"字，一个"客"字，已将满腔的愁苦倾诉在宣纸上。他自九天而下，于凡尘人间体会着东日西沉，感悟着聚合别离，然后参悟自己的一生，不过是打这世上过一遭的客人罢了，带着如柳絮般绵长的愁绪，是为"惆怅之客"。倦了，累了，殇了……想着，想着，竟不觉泪水打湿了面颊，勾勒出纵横的水迹。平生纷繁，看过了一季又一季的荼蘼花开，数过了一秋又一秋的碧叶焜黄，一生大概就是这样了吧。一句"断肠声里忆平生"，不禁令人唏嘘。

汉人素来喜欢"犹抱琵琶半遮面"的含蓄，就像大多数人面对着面缚轻纱的女子，都会有一刹那的怦然心动。因为面纱之下，是每个人都能想象的美，这种美，完全符合本身的审美，是上天为每个人量身打造的一种臆想。在诗词中，哀而不伤，隐而不发的手法也是常见，如张若虚《春江花月夜》："不知乘月几人归，落月摇情满江树。"大有李清照的《一剪梅》中"云中谁寄锦书来，雁字回时，月满西楼。花自飘零水自流。一种相思，两处闲愁。"的意境，然而虽有惆怅叹惋，却又染着几分飘荡游移于天外的浪漫和轻盈。

这些都是绝妙的诗词，不经意间令人潸然泪下。而纳兰容若的一句"断肠声里忆平生"，未施以雕琢，虽未"隐而不发"，却有"清水出芙蓉，天然去雕饰"之美，如同九天之上最纯粹的一声惊雷，劈开了人心深处最柔弱的一角。短短七字，读之已心扉痛彻，虽未有词人的一生经历，却不自觉满目凄绝。

唐诗，宋词，元曲。

提起词，多数人首先想到的定然是两宋时期，那个造就了词坛，并且使其在中国几千年的历史上绽放了如烟花般璀璨绚丽的光芒的年代。在那个年代里，涌现过"问君能有几多愁？恰似一江春水向东流"的南唐后主李煜，"此情无计可消除，才下眉头，却上心头"的易安居士李清照，"此生谁料，心在天山，身老沧洲"的多情才子陆游。温庭筠、辛弃疾、苏轼……那个年代，有一批人，曾用一只或华丽温婉，或悲戚豪壮的笔写下江山如画、美人如花，为后世留下读之触动心弦的华章。

只是，历史犹如刘长卿所做的那首《弹琴》一般，"古调虽自爱，今人多不弹。"等到了满清入关的时节，文坛上在元曲与小说的兴盛之后，词坛中似乎已经很难见得能令天地为之变色，令人心为之一恸的篇章，直到一本《侧帽集》的面世，不仅重开词坛旧章，还带出了一位风华绝代、遗世独立的词人——纳兰性德。

满清，一个与汉族有着国仇家恨的民族，在占领了汉族的山河后，依旧处于内乱的局面，加上没能从一开始就夺得汉人心，所以满汉之间的矛盾也激化得十分厉害，可以称得上是内忧外患。这种局面一直到顺治帝福临从摄政王多尔衮的羽翼下步出，亲政改革，原本只一息尚存的汉文化才终于在纷繁乱世后有了复兴之势。

在清代文坛上，终于涌现出了"词家三绝"——纳兰性德、朱彝尊、陈维崧。三人之中，朱彝尊和陈维崧都是汉人，且出生在文化底蕴深厚的江南，山水成就了他们的才情。只纳兰性德一人，在草原奔腾纵横的马背上，在北方朔朔寒风的大雪里，在朱红四方的深围宫墙中，以自然之眼观物，以自然之舌言情，织就了山水一程下"夜深千帐灯"的堪比李杜诗句的意境之美，成为清代第一词人。王国维赞之："北宋以来，一人而已！"

公元 1644 年，大明朝终于亡灭在陈圆圆的琵琶语中，清军在吴三桂的带领下进入山海关，一举攻占京师，入主华夏。到顺治七年（1650 年），一直把持朝政的皇父摄政王爱新觉罗·多尔衮也在塞北狩猎途中坠马，重伤身亡，结束了他自出生以来三十九年的辉煌。多尔衮的离世，让顺治帝终于飞出了牢笼，真正有了属于自己的朝堂。

这一年，是顺治十一年（1654 年），海内安平，一切都在顺治帝的谋划中有条不紊地进行着，没有什么大事。如果非要用后来的历史影响和后世的眼光去看，那大概是有两件的——关于两个孩子的出生。

第一个孩子，爱新觉罗·玄烨，也就是后来的康熙大帝。

在这一年的农历三月二十八日，"山寺桃花始盛开"的季节里，一声嘹亮的啼哭破碎了紫禁城景阳宫的威严与肃杀，为整座宫殿带来最欢腾的喜悦。一个皇子的诞生，就是一座宫殿的未来，景阳宫的未来和所有的希望在这一刻，都赋予在了这个被裹在襁褓中的婴孩身上。

乐此不疲地为一些传奇人物赋予传奇的色彩似乎是中国人的一个恒久的爱好，而在天象上做文章亦是惯有的手法，毕竟中国几千年的文化，一直是秉承天意。所以后来人在说起那个孩子诞生的时候，不免又记载了一番奇香弥漫、久久不散，紫云升腾、直达天穹的祥瑞之兆。仿佛这样，才更配得上康熙的神明英武。

对于这个孩子的到来，顺治帝或许并没有多在意，因为此在之前，他已经是两个孩子的父亲了，早已没有了初为人父的喜悦，更何况是"无情天家"里诞生的孩子。这个孩子，不是他的第一个孩子，也不会是最后一个。他在金殿上接受着朝臣的庆贺时也决计想不到这个如今裹着襁褓只知哭笑的婴儿将来会承袭他座下那张御宇海内的金椅，并且将开创出大清近 300 年历史最辉煌的时刻——"康乾盛世"。

第二个孩子，出生在腊月，一个寒风凛冽、大雪纷飞的时节。

当柳絮一般的飞雪铺满了北京的每一寸土壤，将紫禁城内的朱红砖墙、琉璃瓦片都覆盖的时候，一声婴儿的啼哭悄然坠于一座十分不起眼的宅院里。没有惊天动地，却似乎连宅子里的树梢上压满的积雪都染上了浓郁的喜色，簌簌滑落。

　　这一天，是腊月十二日，每年都会有的日子。那所宅院，是一个叫做纳兰明珠的銮仪卫云麾使的家。这个孩子，是纳兰明珠的长子。

　　这一切都没有丝毫的独特，平常得像常年东去的流水。除了在这个北京城里，每天都有孩童降生的缘故外，还因为这个时候的纳兰明珠才二十岁，还只是御前一个小小云麾使，为帝后掌管仪驾，他还没有等到展露自己才华的时机，并且也没有经历过足够的历练来使他变成那个后来备受天子荣宠的重臣，那个人人敬畏的大学士明珠大人。更何况这个孩子的母亲觉罗氏是和硕英亲王阿济格的第五个女儿——一个被抄了家的反王女儿。

　　阿济格是清太祖努尔哈赤第十二子，多尔衮的胞兄。他英勇善战，战功赫赫，却野心勃勃，企图如多尔衮一般摄政，然而却是有勇无谋。多尔衮病死后，阿济格谋乱。然而一点风波都还未起，就以阿济格的失败而告终了。这一场夺权，不仅葬送了自己的和硕亲王的权力和尊荣，还祸及满门。他的女儿觉罗氏，一夜之间从受人歆羡的格格沦为乱王的遗女。

　　纳兰明珠在这个时候娶了阿济格的女儿，不仅不能帮到自己，反而让自己成为了皇室里的一根刺，立于汹涌风暴之中。且不论他与觉罗氏之间是否真的存在于爱情，即便是真的有爱情，这样的婚姻无疑承担着葬送前程的风险。当然，如果他的运气好一点，能够从皇室那么多双眼睛中走出来，那么无疑是最成功的一步，他将以一个庶子的身份受到皇权顶端的关注。

纵观纳兰明珠一生，这一步棋无疑是他所走的为数不多的一步险旗，完全是以赌徒的心态，成则幸，不成则命。好在，老天尤其眷顾他。他赌赢了，不但在皇权的眼皮底下活着，还一步一步地，走到了权利的顶峰，位极人臣。

只是当时那个仅仅二十岁的纳兰明珠还在风雨中飘摇，所以这个孩子的出生，并不足以惊动除却府上之外的其他人，毕竟没有人愿意给叛王的后代捧场。然而对于纳兰明珠来说，他的内心是极其欢愉的，明亮得从院中皑皑白雪中盛放出一朵花开。

这是他的第一个孩子，他的嫡长子！

这个孩子不仅让他有了为人父的异样喜悦，还让纳兰家有了后继之人。他给这个寄托着纳兰氏，寄托着他的希望的孩子取了名字，叫做成德。

纳兰成德。

纳兰成德这个名字已经不常听到了，大多数的人都习惯称呼他作纳兰性德或纳兰容若，倘若突然有人唤他作了成德，怕是在旁人眼中倒有几分怪了。

"纳兰成德"这个名字之所以在后来被历史淡化，最主要的原是因为在康熙十四年（1675年）的时候，刚满周岁的皇子保成被立为太子。此时已经二十又一的纳兰成德为避讳太子嫌名，便改了名字，为"性德"。然而皇太子保成在第二年年初便更名为了胤礽，"成"字便不必再避讳，纳兰性德便又用回了"成德"之名，那年的《进士题名录》中，纳兰性德的榜名就被写作了成德，他自己与友人间相交，也从来只称"成德"而非"性德"，或者用他按照汉人的习惯给自己取的"成容若"这个名字，只不过后世之人习惯以性德称之罢了。

纳兰性德后来能够成为风华绝代的大清第一词人，赢得"北宋以来，一人而已"的盛誉，与其家学庭训有莫大关系。

纳兰明珠从青年时代开始便极其喜爱汉族文化，通晓诗书丹青，藏书众多。而至于他为什么会对汉文化情有独钟？是从什么地方接触到的汉文化？至今无从考据。我们只能猜测，或许是因为他作为家中次子，不能从父亲那里袭得爵位，便另辟了蹊径，企图以科考入仕；又或许他深知每一个朝代更替的时节，上位者大都尚武而轻文，然而当政权稳定便是文臣的天下，所以才提前做好了准备，或许还有什么别的缘由，不得而知。

他用浓情厚意，定下了"成德"的名字。成德，成年人应有的品德、成就品德之意。《易·乾》有"君子以成德为行"之言，韩愈《唐故中散大夫少府监胡良公墓神道碑》中也有"年几八十，坚悍不衰，事可传载，可谓成德"之说，可见明珠在为这个孩子取名的时候，便带着最美好的祝愿，他希望这个孩子能够成为世之君子，德行高贵，事可流芳。

至于频频出现在其他关乎纳兰性德的各大传记中的小名"冬郎"，实则找不出足够的材料支撑这个"公认"。若只因纳兰性德出生在冬季，或者因其《填词》诗有句"冬郎一生极憔悴，判与三闾共醒醉。"便认定小名冬郎之说，未免太过轻率，立据不足。

"冬郎"之说早已存在，乃是唐代韩偓的小名。宋计有功《唐诗纪事》卷六十五韩偓纪事中有云："偓，小字冬郎，义山云……"明确地记载了冬郎所属。而纵观史料，纳兰性德小名冬郎之言却并未见到，更何况"郎"之一字，并不常用于稚子身上。

"冬郎憔悴"大概是韩偓在仕途上因忤触权臣朱温，被贬濮州司马而不得志，目染大唐将倾，所以茫然不知来路而憔悴。那种郁郁无所从的感觉在他的一些诗中尚还存有余息，如《息兵》：

> 渐觉人心望息兵，老儒希觊见澄清。正当困辱殊轻死，已过艰危却恋生。
> 多难始应彰劲节，至公安肯为虚名。暂时胯下何须耻，自有苍苍鉴赤诚。

所以纳兰性德用"冬郎一生极憔悴"一句，在很大一种可能上，只是诗中常有的用典之作，因其感叹与冬郎在境遇上颇有相似，自喻罢了。况且以冬郎自喻的还有后来晚清时期的文廷试，他在《追忆》中也带着戚戚色称自己为"冬郎"，郁达夫也曾在《盛夏闲居读唐宋以来各家诗仿渔洋例成诗八首》称吴梅村为"冬郎"。由此可见，百称冬郎并非纳兰性德一家。

如果说纳兰性德当真有一个乳名，那最有可能是唤作"成哥"。

启功先生在《记饮水词人夫妇墓志铭》一篇中说："有清旗下人乳名率以'哥'称，……称女子之未嫁者曰'哥哥'，称少男曰'阿哥'，如汉人之称少爷。其后欲别于汉人之习称，则改'哥'为'格'，仍读作阴平之声。既不作古音之入声，又不作北方音之阳平。"

也即是说，满清族人男孩子的乳名，多数都称为"哥"，或者名字中缀一"哥"字，或者以排行加'阿哥'而称之。那么"成哥"之名显然比所谓的"冬郎"更有说服力，所以见诸于大多数人笔端的"小名冬郎"，大多由附和而来，缺乏考证。

第二节　叶赫与爱新觉罗的血海冤仇

堠雪翻鸦，河冰跃马，惊风吹度龙堆。阴磷夜泣，此景总堪悲。待向中宵起舞，无人处、那有村鸡。只应是，金笳暗拍，一样泪沾衣。

须知今古事，棋枰胜负，翻覆如斯。叹纷纷蛮触，回首成非。剩得几行青史，斜阳下、断碣残碑。年华共，混同江水，流去几时回。

——纳兰性德《满庭芳·堠雪翻鸦》

康熙二十一年（1682 年）秋，纳兰性德奉旨北上罗刹，一直到隆冬季节方才返还。打马伫立古战场，夕阳已斜，松花江静静地流淌着，入目只断碣残碑，一时感慨万千，写下了这一阕《满庭芳》。

在纳兰性德的所有词曲中，这一阙词是少有的如苏轼、辛弃疾那般豪放词人才能引吭的狂澜与豪迈的作品，犹如铁马冰河里的一滴热泪，带着彻骨的苍凉和凄美。赢得了极高的赞誉，被人评为"气势壮观，真情四射，生动感人。"

堠上堆雪，鸦雀翻飞，江河千里冰封，策马奔腾，惊得风沙吹度。龙堆向来险恶，加上这古战场的土壤中仿佛还没有全然退却的残红，只觉"阴磷夜泣"。这一阙词，从起句开始，无一句不带着冰雪里的荒寒阴森，无一处不挽着气势波澜下的切切悲意，此情此景，难免是悲从中来，不忍欷歔，于是一句"总堪悲"低吟出口，沉淀着这江畔旧时的腥风血雨，刀破戟裂。一个人烟不见、村鸡不寻的地方，连等待中宵起舞都是不可期，只能听到金笳暗拍，不觉泪湿衣衫。

上阕缀满荒凉悲愁之景色，下阕难免要抒情，这向来是诗词歌赋的韵味。在下阕中，词人一语道出心中悲怆之源——"今古事"。

在满清入关之前，松花江畔一直是各部落间兵戈铁马，争斗角逐的地方。就在半个世纪之前，有两个家族在这里展开了生关死劫的对决——叶赫那拉氏与爱新觉罗氏。

他如今伫立在这里，那些偶然间随着一阵清风飘进自己耳中，残留于心中的往事一件一桩地投影在他的脑中，那种仿佛被渗进血液里的悲苦一时展露无遗。然而想罢也只得叹息一声"棋枰胜负，翻覆如斯"，不过是棋盘上的输赢罢了。就连蛮触两国之争，再想起时已然没了那时的欷歔感概。青史上留下的那几行工笔和斜阳下的被风霜雕刻了的断垣残碑，也混同着江水，都被时间被冲淡了，再也不会回来了吧！

所以，半个世纪前的那一场叶赫那拉和爱新觉罗的往事，也一样会随着这江水，慢慢地淡去的吧？

纳兰性德出生的这一年，大清朝十分平静，平静得几乎像是一潭幽深的湖水，掀不起一丁点的波澜。或许唯一被历史记述下来的，大概就只有皇三子玄烨的降临，也就是后来足以与秦皇汉武站在同等高度的千古一帝——康熙。

这个从出生开始并没有受到顺治帝特别关照的孩子，在他踏上金殿銮座后的六十一年里，用他卓越的治世才能，平定三藩、统一台湾、安定边疆、重文兴教……也是在他统治的时期，纳兰明珠位极人臣，纳兰氏显赫一时，位列瓜尔佳氏、钮钴禄氏、舒穆禄氏、董鄂氏、辉发氏、伊尔根觉罗氏和马佳氏之前，成为满洲八大贵胄之首。

叶赫那拉和爱新觉罗，这两个有着剪不断、理还乱的纠葛的家族，从金戈铁马到梦里柔乡，从努尔哈赤的开始到慈禧的结束，在大清的历史上，导演了一场场人间戏剧，回头看来，浮浮沉沉竟似乎都是有迹可循。

明王朝经过几百年的统治，已经过了最鼎盛风华的时代，这个时候正值风雨飘摇之际，如同茫茫大海、万顷巨涛中颠簸着的一块浮木，声色犬马的帝王并没有打理他的江山的闲情逸致，放任四海八荒的草木繁衍着，内里争斗不断，外里也是群雄竞起。于是在东北边境，悄然生出了女真族三大部族：建州女真、海西女真和野人女真。三个部落存在于同一片土地上，且又是同宗同源，兼并之战便接连不断地发生。

彼时，建州女真已经基本上由以十三副铠甲起兵的爱新觉罗·努尔哈赤统一，海西女真虽还分为辉发、哈达、乌拉和叶赫四个部落，叶赫部在首领那拉氏兄弟杨吉砮和青佳砮的统治下，实质上已经称霸海西。

建州女真的爱新觉罗氏和海西女真的叶赫那拉氏，同样的繁盛，同样的强悍，同样的坚信自己的家族、自己的部落才是这片土地真正的王，女真的王！他们在势均力敌中度过了一年又一年，然后那一场注定要打的仗终究还是到来了。

"操吴戈兮被犀甲，车错毂兮短兵接。旌蔽日兮敌若云，矢交坠兮士争先。"金戈铁马、硝烟弥漫、尘沙滚滚……松花江畔，到处都能听到震天的杀声，到处都是堆积的热血尸骨。

这一场仗终于结束了，一个显赫的家族也结束了。

历史给了爱新觉罗氏和叶赫那拉氏同样的际遇，但到底叶赫那拉氏成了臣，而另一个成了君。即便有着"叶赫那拉哪怕只剩下一个女人，也要向爱新觉罗讨回血债"的诅咒，也未能挽救了什么。叶赫部终究还是灭亡了，再也翻不起松花江里的一朵浪花。

如果仅仅只是这样，那么也仅仅只是"成者为王，败者为寇"的结局。可两个家族的纠葛不止如此，两个女子的出现打乱了这场成王败寇的棋。

她们一个是"满蒙第一美女"东哥，一个一出生便被部落巫师赋予了"可兴天下，可亡天下"预言的女子；另一个，是东哥的姑姑——叶赫那拉部首领杨吉砮的女儿——孟古。

东哥在预言中诞生，身披神谕逐渐成长为一个有着绝世容颜的女子，江山与美人的诱惑，打动了所有女真贵族的心，努尔哈赤也没有例外。这个英勇的男人对东哥的执念达到了一定的境界，他曾经向杨吉砮求娶过东哥，却遭到了委婉的拒绝，答应将孟古嫁给他。或许越是得不到便偏要去得到，特别是作为一个有能力的人，努尔哈赤在娶得孟古之后也并没有放弃那个美人倾城的东哥。

这个时候，明王朝无休止地侵犯与压迫，让女真各部生出一种唯有统一与集合所有部落的实力去对抗，方才有一分胜算的觉悟，所以建州女真和海西女真的战争已经不可避免。叶赫部联合其他八个部落向努尔哈赤发起了"九部之战"。九部之战最终以九部的失败而告终。

努尔哈赤又一次以胜利者的身份向叶赫提出了求娶东哥的条件。然而，东哥却扬言努尔哈赤是她的杀父仇人，谁能杀了他，就嫁给谁。

东哥的传奇就在于，尽管是这样的苛刻的要求，竟也有人趋之若鹜，这就是她身上"可兴天下，可亡天下"的预言的魅力。努尔哈赤在一次又一次的战争中，终究死心，全力攻打叶赫部。

如果说东哥引起的三部构怨是导致努尔哈赤攻打叶赫的导火线，那么孟古便是叶赫那拉氏能够以败寇的身份坐享荣华，位列满清八大家族之列的源头。孟古不如东哥那般尽为人知，这个被叶赫部嫁给努尔哈赤的女人，或许并不见得有什么传奇，也并不如东哥绝代风华，不如努尔哈赤的其他女人那般得他的心，但她孕育了一个青出于蓝的生命——皇太极。

自此，叶赫那拉氏和爱新觉罗氏这场人间戏剧便转为了磁条也不能分割的凤世恩怨。

叶赫那拉氏成了皇亲国戚，家族里的女子常被选入宫中，叶赫那拉氏的男子也常娶爱新觉罗家的女子。历史让人淡忘了曾经的诅咒，然而在某个时刻，它竟又奇迹般地再次出现了。慈禧，这个叶赫部的女人，完成了"叶赫那拉哪怕只剩下一个女人，也要向爱新觉罗讨回血债"的诅咒的最后一步，为大清朝划上了最终的句号。

或许，这便是叶赫那拉和爱新觉罗永远摆脱不了宿命。

那时，纳兰性德站在先辈统治过的旧土上，望着那冰封的松花江，回想这些往事时，也只能从喉咙里哽咽一声"叹纷纷蛮触，回首成非"，然后将无限苦涩埋藏于心底最阴暗无光之处，再回首时，他依旧只是那个多情的词人，水墨伴此身罢了。

第三节 马背上的书生

非关癖爱轻模样，冷处偏佳。别有根芽，不是人间富贵花。

谢娘别后谁能惜，飘泊天涯。寒月悲笳，万里西风瀚海沙。

——纳兰性德《采桑子·塞上咏雪花》

这首《采桑子·塞上咏雪花》的创作时间，各家说法不一，张草纫在《纳兰词笺注》中将此篇系于清康熙十七年（1678 年）十月所作，而在刘德鸿的《纳兰性德"觇梭龙"新解》中，又认为其作于康熙二十一年（1682 年）。

塞上，飞雪；西风，独立。

古往今来，无数人醉卧雪中，如骆宾王《咏雪》篇中的"龙云玉叶上，鹤雪瑞花新"，韩愈《春雪》篇中的"白雪却嫌春色晚，故穿庭树作飞花"，柳宗元《江雪》篇中的"孤舟蓑笠翁，独钓寒江雪"……古人爱雪，大抵是爱雪花悠悠飏飏、飘扬轻盈的如梦如幻般的模样，或者是大雪之后，天地间的那种将世上所有的污秽与不堪都统统暂时掩埋的一份清绝。纳兰性德爱雪，不为它清扬婉约，只为它"冷处偏佳"，只盛开在群芳尽绝的严寒里，于冰霜之季节的气候才将自己绽放在世人眼中的那份清狂。

雪花为何能够在如此冷寂的尘寰绝世傲立？只因它"别有根芽"。它不若牡丹芍药般富贵，甚至不如梅花那般坚毅，与其说是"别有根芽"，倒不如无根无芽，它其实算不上是一种花，只是形貌相似而已，它从九万里的苍穹直坠而下，原本便不是凡间之物。

对于雪花，东晋的历史上曾经有过一个很知名的故事，关于陈郡谢家的才女谢道韫，也便是词中的"谢娘"。那一日也是下着大雪，谢安与侄儿和侄女正谈论文学，随口一句：

"白雪纷纷何所似？"侄儿谢朗答道："撒盐空中差可拟。"侄女谢道韫却回了一句："未若柳絮因风起。"极尽风雅，将飞雪那仿佛浸在春风里的轻盈姿态尽数显露。这是一个爱雪的人才能感受到的绝美，她是雪花的知己，只是可惜谢娘之后，雪花再也没有知己了，即便是多情人，也只是看着它漂泊天涯，然后偶尔发出一两声对时运人生或者是雪后美景的感慨罢了。

寒月，悲笳；西风，狂沙。

苍凉之感顿生，月是泛着寒光，胡笳奏着悲音，猎猎西风吹遍，万里狂沙瀚海。四个悲凉的意象，密集地堆积成了一个戛然而止的结局，仿佛那琵琶语中的别有幽愁、暗恨细生，留与人无限牵思，却是无声胜有声了。

这阙词中，最是点睛的莫过于那句"别有根芽，不是人间富贵花。"既是在说雪花，又何尝不是在说他自己呢？

只是纳兰性德的"根芽"，与雪花却又有所差别。他是不折不扣的贵公子。他的家族有着令所有八旗子弟都艳羡的厚重，他的父亲在这个时候也已经位极人臣，而他自己更是随侍圣驾，然而他却以一句悲恸的"不是人间富贵花"来喻己，实在令人难解。

以花喻人历来便有，只是大多是女子容貌，或是女子伤情，像李白《清平调》中的"名花倾国两相欢，常得君王带笑看"，纳兰性德的好友朱彝尊《越江词》中的"一自西施采莲后，越中生女尽如花"这些句子，都是用来描绘女子。便是有以花喻男子的诗篇词令，多也是如周敦颐《爱莲说》中那般以"莲之出淤泥而不染，濯清涟而不妖"这样的展露自己高洁性情，不为俗世折了风骨的决绝，却少见纳兰性德这样的愁花。

纳兰性德后来有一个朋友曹寅，曹寅的后代中那位叫做曹雪芹的才子写下了一本被猜测为是"明珠家事"的《红楼梦》。在这本享誉古今的书里，有过一段黛玉葬花的描写，令无数人欷歔惊叹。

"花谢花飞花满天，红消香断有谁怜？游丝软系飘春榭，落絮轻沾扑绣帘……侬今葬花人笑痴，他年葬侬知是谁？试看春残花渐落，便是红颜老死时；一朝春尽红颜老，花落人亡两不知！"

为落花缝锦囊，为落花埋香冢，为落花哭作诗。也只有如林黛玉那般玲珑剔透的静女，才能做出这样前无古人，后无来者的"荒唐"之举。

后人大概能理解曹雪芹在家族历经大起大落后，接着笔尖宣纸上的故事去展露自己的怅惘与悲凉，却无法明白为何在打出生起就锦衣玉食、一帆风顺的翩翩公子纳兰性德的身上，也能有这样的感伤哀情。

这大概就是纳兰性德与他人的不同之处吧。

若这世上，有一个词能够配得上纳兰性德的绝代风华，将他那一身如等待在季节里的莲花般的出尘倾泄出一分来，那应该只有"公子"这二字了吧。

浊世翩翩佳公子，富贵功名若等闲。

《诗·周南·麟之趾》中有"麟之趾，振振公子，于嗟麟兮"，用以赞颂公子的仁厚品质，它原本只用来称帝王诸侯的儿子。战国时期有四大公子，魏有信陵君，楚有春申君，赵有平原君，齐有孟尝君，这些随着历史沉下来的人物，在战国史上用他们的雄才伟略涂下了浓厚的一笔。

到了秦始皇嬴政君临天下，公子就只他一家有了。最是难忘的便是"山有扶苏，隰有荷华"的公子扶苏，锦衣玉服，玳瑁流苏，腰间环佩，手执一柄三尺青峰，于儒雅间又显风流。纳兰性德亦是如此。尽管后人提及他时，最先想起来的是个"睡也无聊，醒也无聊"，仿佛人生都充满了厚厚悲戚色的羸弱书生，却忘记了他本是八旗子弟，草原上的海东青。他原本就是驰骋江山、披肝沥胆的英雄男儿。

纳兰性德的家世，从叶赫那拉氏再往前追溯，可以到土默特氏，这是蒙古族的姓氏，并且位列金三十一姓之一。他的祖先，原本是生活在草原上的蒙古人，策马扬鞭于广袤无垠的白云蓝天下，他们大口大口地喝酒，高扬的嗓音编成了草原上最欢腾、最真诚的歌曲，他们逐兽而食，择草而居，过着自由豪迈、潇洒无忧的生活。

这是一个天性好战的家族，他们离开大草原，如搏击长空雄鹰一般，驰骋马背，凌厉又迅速地扩张着自己的领土。直到有一日，土默特家族的星根达尔汉占领了忽喇温女真灭扈伦国所居张地之那拉部。然后他们再也不愿意叫做土默特氏，他们改成了被征服者的姓，融入了那拉氏的族群并且举族迁往了东北的叶赫河岸，号称叶赫国。

"叶赫"这两个字，在蒙语中是"伟大"的意思。

叶赫部在蒙古族和女真族的融合间越来越壮大，最终成为海西女真四部中最后一个被建州女真部爱新觉罗·努尔哈赤灭亡的一个部落。

纳兰性德是叶赫部人，他是蒙古族与女真族的后代，打从他一出生，他的血液里便融合进了两个部族的英雄勇猛。如果没有满清入关，如果没有似流水般绵延温触的汉文化的洗涤，纳兰性德或许会如同他的祖先一般，在寥廓的大草原上策马奔腾，扬鞭呼和，情动时唱上一首曲调豪迈的歌曲，和三两个同样豪情万丈的汉子干掉几坛好酒。

那样的场景，实在不敢想象，也不忍想象。

所幸纳兰性德出生在了清军入关之后，出生在了汉文化渐渐地冲刷了满族那一身狂野与不羁之后。也是这样特殊的文化碰撞着的特殊年代，才成就了纳兰性德"马背上的书生"的公子形象。

年幼时期的纳兰性德或许还没有那种悲怆到心底深处的"不是人间富贵花"的感叹，他只是在极其喜爱汉文化的父亲纳兰明珠的安排下，开始学习汉人的经书诗赋。

纳兰明珠是极其喜爱汉文化的一个人，作为为数不多的提倡汉学的几个官员，纳兰明珠自然精通满汉两族的语言，不管是真喜欢还是附庸风雅，纳兰明珠不断地收集着历朝历代的名人字画，儒家典籍的各种珍本善本。凡是他经常待得地方，不论是住处还是办公之处，屋子里总是少不了书籍，以便可以随时阅读。他家中藏书更是琳琅满目，以至于走进明珠的宅子，总有一种书香门第的感觉，而非是一个马背上的汉子和金殿上的显赫人物。

如此一个拥有深厚文化底蕴的满人，纳兰明珠自然对自己的长子给予了最殷切的盼望，他希望自己的孩子能够继承满人的骁勇，而同时，他更希望他成为一个既有荣华富贵，又有风流文采的良才。纳兰明珠的这种期望为纳兰性德在文坛上的成就打下了良好的基础。

满清从马背上打下来了汉人天下，却终究还是为汉人的文化屈服，想要治理这偌大的一个中国，不得不倚靠经久传承的汉族文化。于是在顺治三年（1646 年），停久不开的科举制度开放了。

这时候的科举还有着一个非常别出心裁的状态，那便是，这确确实实是汉人的科举，只对汉人开放，而满族的八旗子弟则不被允许参与。一直到顺治八年（1651 年），顺治帝才应礼部的奏请，将八旗子弟中的英才考虑在科举的范畴之列，在乡试和会试中择优授予官职。然而这八旗子弟的科举又有所不同，统治者一面担忧八旗子弟在文化上比不过汉人，又担心汉人的文化太过诱人，会让满人失去从前的勇猛，于是规定八旗子弟的科举必须要先通过骑马射箭的测试，合格后才能进入下一个阶段的考试，正所谓"文事不妨武备"。

所以纳兰性德在学习汉人的诗书经文的时候，又被加入了武艺、骑射等课程，一文一武，一张一弛，对于年幼的纳兰性德来说，或许只是读书累了之时的一点调味剂，将他的生活染成五彩缤纷的色彩。

纳兰性德的早期启蒙一直是父亲亲授，他真正意义上的启蒙老师应该是丁腹松。

丁腹松，字公木，北京通州人。丁腹松博学能文但性格乖僻，不善变通，一直到三十岁时才中得举人，之后又是屡试不中，难以上进，便只赋闲在家。爱才的纳兰明珠就请他为纳兰性德讲课。

丁腹松性格耿直，即使知道自己教的是贵族公子，但仍对学生严格要求，时时督促训责。纳兰性德的文化底子就这么扎扎实实地被训出来了。丁腹松授予纳兰性德的主要是儒家经典著学，此外便是用于科举取得功名的八股文。八股文作为科举考试的主要内容，起源于宋元的经义，北宋王安石变法，认为唐代以诗、赋、帖经取士，浮华不切实用，于是并多科为进士一科，一律改试经义。到了元代，基本沿袭宋代。用"经义"、"经疑"为题述文，但把出题范围，限制在《大学》《中庸》《论语》《孟子》四种经书中。到了明代洪武元年间，八股文逐渐形成了以讲究格律、步骤等比较严格的程式。成化二十三年（1487 年），始由"经义"变为开考八股文，规定要按八股方式作文，格式严格，限定字数，不许违背经注，不能自由发挥。清朝沿用明朝的八股文。

明末清初著名思想家顾炎武说过："八股之害等于焚书，而败坏人才有甚于咸阳之郊。"以这等比喻来比喻八股，可见其对八股的深恶痛绝。

然而八股虽死板，让文人的思想遭受到了束缚和学术上的白页，但读书人在研究的过程中，却可以受到儒家伦理道德的熏陶。纳兰性德在研习八股之时，对汉学有了更加系统的了解，不但如此，除了儒家，纳兰性德对杂学旁搜，佛道两家的著作亦有所涉略，虽不及儒家来的深厚，却也在他幼小的心灵中埋下了一颗种子，待到山花烂漫，人间百态之后，那颗种子便在他心底生根发芽，长成佛祖座下的那朵圣莲，构造了纳兰性德后来复杂矛盾的性格。

第四节　少年盛名

> 星球映彻，一痕微褪梅梢雪。紫姑待话经年别，窃药心灰，慵把菱花揭。
>
> 踏歌才起清钲歇，扇纨仍似秋期洁。天公毕竟风流绝，教看蛾眉，特放些时缺。
>
> ——纳兰性德《梅梢雪·元夜月蚀》

这一阕《梅梢雪·元夜月蚀》还另有一词牌名《一斛珠》，写于一个元宵良夜，京城月蚀。烟火冲入云霄，绽开一朵朵绚丽的烟花，伴着满是喜悦的人声，将天际都映得晶莹剔透，时而又染上那烟花的缤纷色。在这个"火树银花不夜天"的时刻，院里梅花树梢上的那一团积雪也在欢笑声和漫天的烟花下悄悄地融化了些许。

一边是欢呼庆贺的震天烟火，一边却是静寂沉默的悄然雪融，一动一静，一喜一忧，对比之下，又是忍不住平添了几分难以言说的感伤。真是像极了纳兰性德这个人，分明是生活在人人艳羡的快乐中，那忧愁却不知从何处而来，丝丝缕缕地缠绕在他的身上，沁入到他的骨髓里，然后从血液里散发出一种观之动容、读之心恸的韵味。

接着又借用紫姑和嫦娥二人的典故，引一场离情别绪。月蚀来得很快，在梅梢雪褪的那一刹那开始，才将将响起了踏歌声，清涤铖鸣之音便已经停歇了。明月一点一点地露出来，宛如一把纨扇，与秋日佳节里的元月一样明艳皎洁。这样一场引世人无限遐思的月蚀，或许只因那天公风流，为了叫自己能够看上一看那峨眉弯月的模样，所以特地让它缺上片刻吧！

赵秀亭的《纳兰丛话》中记录了一段关于这首词的著作年代的叙述："清康熙三年甲辰，陈维崧作《宝鼎现·甲辰元夕后一日次康伯可韵》词，题注云：'是岁元夜月食。'后来黄天骥在评注纳兰性德时，又有言说："纳兰性德一生，逢元夜月食惟此一次，故其《一斛珠·元夜月食》词必作于康熙三年。"

后来在很长一段时间乃至于现在，黄天骥的"《一斛珠》为性德可考知之早年之作。"的观点都一直被流传着，甚至在很多著作中得见。这也就是纳兰性德十岁可作诗的说法的源头。

后来赵秀亭在写《纳兰丛话》的时候，检索查阅了天文学的有关文献，得知："月食原有规律，前次月食后，隔十八年又九日或十日必重为月食。若十八年间五值闰，则加'十日；四值闰，则加九日。此即所谓'沙罗周'。康熙三年元夜为公历1664年2月11日，尔后十八年间五值闰，则当于公历1682年2月11日再加10日之时重遇月食，时为1682年2月21日，对应阴历恰为康熙二十一年正月十五日。此次元夜月蚀方为性德作词之时，性德时年二十八岁。性德一生，逢元夜月食共二次，非一次。"

　　按照赵秀亭先生的版本来看，似乎更加要合乎常理一些。毕竟倘若一个十岁的孩童且作出"待话经年别""窃药心灰""天公风流"这样只有历尽了人事方能凝结而出的语言来，实在是颇难令人置信。况且按照《通志堂集》记载，纳兰性德元夜月食词二阕、诗一首，除《梅梢雪·元夜月蚀》外，还有词作：

《清平乐·元夜月蚀》

　　瑶华映阙，烘散蒹葭雪。比似寻常清景别，第一团圆时节。

　　影娥忽泛初弦，分辉借与宫莲。七宝修成合璧，重轮岁岁中天。

及诗作：

《上元月蚀》

　　夹道香尘拥狭斜，金波无影暗千家。

　　姮娥应是羞分镜，故倩轻云掩素华。

　　这便是连赋诗词数首了，经验丰富的老词人若要连赋尚且有困难，更何况一个十岁的孩子。

然而尽管后来已经出了赵秀亭先生的说法，"十岁所作"的说法依旧成了品读、了解纳兰性德时不可避开的一个话题。想来，一是因为某些著作者在写作之时一味的追求人物故事和人物的传奇形象而未曾去考究过"十岁之作"的真伪；二是因为有的人则只是单纯地愿意这般认为，愿意假装一切的美好都是真实的，愿意将一切的传奇都加注在他们喜欢的纳兰容若的身上，使得他更能接近"完美"和"非凡尘之人"一些，而纳兰性德因为少年盛名，倒也能撑得起这样的他人理想中的赋予。

康熙五年（1666 年）四月，纳兰明珠由侍读学士升内弘文院学士。在这之前，他从云麾使升为郎中，又任过了内务府总管，现在终于步入了朝堂的轨道。也是因为纳兰明珠的弘文院学士的职位，在对纳兰性德的文事教育上必然更加重视。第二年，纳兰明珠请了董讷作府上的西席，教授纳兰性德学业。

董讷，字兹重，号默庵，山东平原人，康熙六年丁未科缪彤榜进士第三人，也即是"探花"，被授与翰林院编修。董纳处事待人峭直、沉稳、敢作敢为。后来虽因河工被降五级，以翰林官补用，但次年又因为民请命复任，授以侍读学士，出任总督漕运事务。董讷一生遇事不因为难易而退缩、委曲求全，以高风亮节著称于世，流传有《柳村诗集》。

纳兰性德跟随董讷学习的这一年，正是董讷高中文探花的这一年，自这一年起，纳兰性德学业大进。

据《纳兰性德行年录》记载："康熙十年（1671 年），成德补诸生，贡太学。"这一年，纳兰性德十七岁。

"太学"即"国子监"。

明清之前，太学与国子监本不混为一谈。太学始于西周，又名大学，天子和诸侯都会设置这样的机构。《大戴记》中说："帝入太学，承师问道。"但这个时候的太学，明堂、太学混而不分，布政、祭祀、学习各种活动都搅和在一块儿，直到汉代，"太学"才专司教育，逐渐成为一国最高学府。

国子监创最早由西晋晋武帝设立，始称国子学，经南北朝的战乱中断后又于隋文帝初年成为独立的教育管理机构，复名国子学，大业三年（607 年）改称国子监，辖国子学、太学、四门学、书学、算学。国子学的设立相对于"太学"而言，除了是国家传授经义的最高学府外，更多的承担了国家教育管理的职能。毕竟"学"是传授知识，指向教育和最高学府的功能；而"监"则多了督查监管之意。到了明清两代，国子监时常与太学、国学混称，国子监与太学也可互称，经常用太学来指代国子监。清代以前，国子监隶属礼部，自顺治帝"兴汉学"起，国子监则由皇帝直接过问，地位也随之提高。

顺治九年（1652 年），顺治帝福临亲自视察国子监，史称"临雍讲学"，不仅开创了历代清帝视察国子监的局面，顺治帝还为国子监开列教条教规，明确颁布了清代的教育政策："朝廷建立学校，选取生员，免其丁粮，设祭酒、司业及厅堂等官以教之，各衙门以礼相待，全要养成贤才，以供朝廷之用。诸生皆当上报国恩，下立人品。"

康熙皇帝在他的《训饬士子文》中不惜笔墨，谆谆告诫说："朕用嘉惠尔等，故不禁反复拳拳，兹训表颁到尔等，务共体朕心，恪守明训。"雍正皇帝的话更是坦率真挚："读书乡荐之人，异日俱可做朕股肱耳目，是以朕心待之，实有一体联属之意，爱养培护。"一国之君，把读书之人当股肱耳目一般爱养培护，其目的正是为了"异日俱可做朕股肱耳目"。由此可以看出，马上得来天下的清王朝的统治者对文化的重视。

国子监在清朝皇帝的直接过问及重视下，正规而严格，系统而完备。国子监内建有四厅六堂，即：绳愆厅、博士厅、典薄厅、典籍厅；率性堂、诚心堂、崇志堂、修道堂、正义堂、广业堂。四厅是国子监职官办公的地方，六堂是学生上课的地方。国子监的学生学习期限一般为三年，学习课程有四书、五经、性理、通鉴等。此外，学生享有十分丰厚的待遇：监内肄业生每人每月得膏火银二两五钱；每年的十一、十二月份得煤炭银五钱；衣服、被盖、文具等由政府供给；

婚娶、奔丧、生病等有假期和补助；每逢大课——即每月十五日的考试，则"官给膳食""发银二钱"，逢年过节或参加重大活动亦有赏钱。

国子监学生毕业后可直接授官，也可参加科举，相较于其他人，自有仕途上的一番优势。清代国子监学生最多时不超过三百人，分为内班和外班，只有内班才能住舍，进而废除了"坐监"制，同时允许学生在寓所肄业，只需初一、十五到监即可。

国子监作为诸多益处，然而入国子监却并非易事，更何况纳兰性德是"补诸生"。

统称诸生是经考试录取而进入中央、府、州、县各级学校，包括太学学习的生员，有增生、附生、廪生、例生等，而"补诸生"则即为免试入学。

这几年间，纳兰明珠又经历了两次荣升，从弘文院学士到刑部尚书，再到都察院左都御史，掌都察院事，官至正二品，不仅是天子耳目，还有重案会审之能。这个时候的纳兰明珠已经算得上是权臣了，且在此之前，他做弘文院学士之时，掌管文事，所以将自己的儿子通过"补诸生"的方式送入太学虽难免花费了一番心思，却也是完全能够做到的。

纳兰性德凭借斐然文采和对四书五经等儒家经典的见解以

及在国子监的卓越表现，很快便受到了国子监祭酒徐元文的赏识和器重。徐元文，字公肃，号立斋，顺治十六年（1659 年）状元。

据传，徐元文经常在别人面前陈赞纳兰性德："司马大人之贤公子，绝非常人！"其时，纳兰明珠已经由"左都御史"调为"兵部尚书"，兵部尚书统管全国军事，有"大司马"的别称，所以这里徐元文称纳兰性德为"司马大人之贤公子"。

国子监祭酒作为国子监的最高行政官员，能够被他说上一句好，想来也是真好的。徐元文不但自己十分赏识纳兰性德，并且向自己的兄长徐乾学做了举荐。纳兰性德后来拜了徐乾学作老师，隔三差五前往徐家府邸学习，徐乾学对他的影响极深，成为他这一生之中亦师亦友的好友。

在国子监，纳兰性德还结识了早他一年如学的张纯修，情谊深厚如异姓昆弟，两人时常互借书籍，张纯修后来在纳兰词的编著时提供了很大的帮助。在太学里，纳兰性德总是喜欢在石鼓间徘徊，他的《石鼓记》之作，或后于此年，亦在数年之内。

在国子监学习几个月之后，纳兰性德终于迎来了康熙十一年（1672 年）八月的顺天乡试。对于纳兰性德来说，这无疑是一个十分好的出入朝堂和检测自己学业的机会，纳兰性德也没有辜负他这些年的努力，顺利中举，这一年，纳兰性德十八岁，同期中举的还有他后来将要结交的好友——曹寅——曹雪芹的祖父。

康熙十二年（1673 年），对于纳兰性德来说，这一年的上半年至关重要。他已经取得了举人的资格，这一年的二月和三月，会试和廷试等待着他。如果通过，他就将要踏上他一直希冀的仕途，经世致用。

二月，纳兰性德顺利地会试中式，这是他意料之中的事，很快，他将要步入殿试，然后提名榜上。只是这个三月，发生了一件他意料之外的事，破灭了他所有的希望。

然而或许是之前的一切都太过坦荡，没有一丝一毫的风波，所以在第二年三月春闱之时，本来该衣襟带风、壮志满满的纳兰性德却躺在床上，面色惨白，遭受着寒疾的苦楚，也因此错过了这一年的殿试。

> 桃花羞作无情死，感激东风。吹落娇红，飞入闲窗伴懊侬。
> 谁怜辛苦东阳瘦，也为春慵。不及芙蓉，一片幽情冷处浓。

这一首《采桑子·桃花羞作无情死》就是在这个时候写成。

春意已经阑珊时节，桃花也感激东风将它的片片花瓣吹进闲时打开的窗棂，去陪伴那失忆的人儿，免教它无情而死。世人只知称赞东阳高才博洽、一代英伟，却又有谁怜惜他操劳过度，日渐消瘦呢？春残心幽。虽比不上芙蓉花，但它的一片幽香在清冷处却显得更加浓重。

纳兰性德用飞花春残将自己的苦闷忧愁展露，这个时候，那些平日与他一起读书一起闲作诗文的人在大殿上接受皇帝的考核，就要实现这些年辛苦读书的最终宏愿了，而他呢？一场寒疾打乱了他之前所有的盼望，他不过是春残时节里被风吹落的片片飞花。他以东阳瘦自比，尽管风流才俊，却是飘零殆尽日渐消瘦。

纳兰性德在风雨中听到凄凉的曲调，不知怎的，变得坐立不安，寂寞、凄凉、失望、空虚的情绪，笼罩着他的心头。

病中，纳兰性德得到老师徐乾学馈赠的樱桃，填了一首《临江仙·谢饷樱桃》以示答谢。词曰：

> 绿叶成阴春尽也，守宫偏护星星。留将颜色慰多情。
> 分明千点泪，贮作玉壶冰。
> 独卧文园方病渴，强拈红豆酬卿。感卿珍重报流莺。
> 惜花须自爱，休只为花疼。

之后，徐乾学和纳兰性德的关系突飞猛进。每逢三六九日，纳兰性德便要至徐乾学邸讲论书史，日暮始归。也是在这个月，十九岁的纳兰性德得到了老师徐乾学和父亲纳兰明珠的支持，开始着手校刻儒学汇编——《通志堂经解》——一部令纳兰性德扬名天下的书籍。

在徐乾学的悉心指导下，纳兰成德"益肆力经济之学"，他广泛收集《经解》书籍，曾"属友人秦对岩（松龄）、朱竹垞（彝尊）购诸藏书之家"，又钞得徐乾学"传是楼"藏《经解》一百四十种。纳兰性德作诗《通志堂成》：

> 茂先也住浑河北，车载图书事最佳。
> 薄有缥缃添邺架，更依衡泌建萧斋。
> 何时散帙容闲坐，假日消忧未放怀。
> 有客但能来问字，清尊宁惜酒如淮。

这一年秋，徐乾学因去年顺天乡试取副榜不及汉军，遭到弹劾，被贬谪归江南，纳兰性德做诗词送之。诗曰：

《秋日送徐健庵座主归江南》

> 江枫千里送浮飔，玉佩朝天此暂辞。
> 黄菊承杯频自覆，青林系马试教骑。
> 朝端事业留他日，天下文章重往时。
> 闻道至尊还侧席，柏梁高宴待题诗。

这一年，纳兰性德还开始撰辑《渌水亭杂识》。这一年，纳兰性德的词作渐多。《采桑子（冷香萦遍)》、《采桑子（桃花羞作)》、《虞美人（黄昏又听)》皆疑为此年之作。这一年，纳兰性德闻名于世，于短暂的沉寂之后风华倾泻，如昼日将灭时升起的一轮高挂圆月，月华倾泻得淋漓尽致。

第二卷

青 梅

所谓伊人，在水一方

世人谈及男子，特别是带点儿传奇色彩的男子，便不由要说及几个如花的女子，仿佛只有美人方能体现出男子的风流卓绝。

在纳兰性德的一生中，目前史料可查的有原配夫人卢氏，续弦官氏，妾颜氏，再有就是江南的那个红颜知己沈宛。他的诗词里的情感曾大量给予卢氏，这个在他年华正好里遇到的正好女子，这个让他从懵懂的少年变成多情男人的女子，这个让他的词作里沾满思念、凄楚、热泪、孤寂的女子。

而后，他在悲苦中遇到了江南来的才女沈宛，便将那余下的所剩不多的情愫又都给了这个女子，在诗词间留下一段短暂的，时而温馨时而惆怅的爱恋。

至于官氏和颜氏，纳兰性德并没有过多的在词中展露过他的情感，也可从这里察觉出，这两个女子于他，大抵还是少了一种心动的感觉，以致难以入词。

然而，除了这几个女子，似乎却还存在着一个异数，一个如凌晨里盛开之后却又瞬间消失的昙花般若隐若现的女子。纵观纳兰词，其中不乏篇章非为卢氏，非为沈宛，为的大概这是那段昙花一现吧。

> 深禁好春谁惜，薄暮瑶阶伫立。别院管弦声，不分明。
> 又是梨花欲谢，绣被春寒今夜。寂寂锁朱门，梦承恩。
>
> ——《昭君怨》

开篇即感一入深宫，无由见春，只能伫立在沉睡黄昏里的台阶上，将万千心绪掩藏。遥远的别院里响起了管弦之音，隔着深禁高墙，隔着风雨，到底还是听不分明的。梨花将谢的时节，春寒露重，寂寥朱门深锁，唯有梦里承恩。

张仁政《纳兰性德年谱》后记云："其末了两句，最足注意，所谓'锁朱门'何地也？'梦承恩'何事也？除宫闱以外，更何有承恩之事！……如曰《昭君怨》为咏宫怨之词，则清初如彭羡门、王士禛辈固尝好为此体。唯容若一生，独不肯作此无谓作品。凡所谓宫怨闺怨，于诗词两集中，不能找得一首，况《昭君怨》有'又是梨花欲谢'一句，已置身题内，且有所指，非为咏宫怨名矣。"

又有《减字木兰花》：

> 花丛冷眼，自惜寻春来较晚。知道今生，知道今生那见卿。
>
> 天然绝代，不信相思浑不解。若解相思，定与韩凭共一枝。

若是知道前世约定的人终会在灯火阑珊处出现，谁会在今生来一场繁华的等待呢？在华灯初上的街市甚至杳无人迹的阡陌，都有可能发生着各种形式的邂逅。人生最美好的相遇莫过于灵魂相遇，而灵魂默契的人最终的结局通常是分别，彼此深深交契，却无缘擦身而过。所以人生最无奈的相遇莫过于朝夕相处，生活中的各取所需。灵魂却完全陌生。只是今生已经错过了的两个人，来生真的会再次刻骨铭心的相逢吗？

韩凭又作韩朋、韩冯等，晋干宝《搜神记》卷十一载，战国时，"宋康王舍人韩凭娶妻何氏，甚美，康王夺之。凭怨，王囚之，沦为城旦。"凭自杀，"其妻乃阴腐其衣，王与之登台，妻遂自投台下，左右揽之，衣不中手而死。遗书于带，愿以尸骨赐凭合葬。王怒，弗听，使里人埋之，家相望也。宿昔之间，便有大梓木生于两家之端，旬日而大盈抱，屈体相就，根交于下，枝错于上。又有鸳鸯，雌雄各一，恒栖树上，晨夕不去，交颈悲鸣，音声感人。宋人哀之，遂号其木曰'相思树'"。后人以此故事用于男女相爱，生死不渝之情事。

天上人间，凡人仙女，音书隔绝，唯有心期。

唐李白有《长干行》，云：

妾发初覆额，折花门前剧。郎骑竹马来，绕床弄青梅。同居长干里，两小无嫌猜。

十四为君妇，羞颜未尝开。低头向暗壁，千唤不一回。十五始展眉，愿同尘与灰。常存抱柱信，岂上望夫台。十六君远行，瞿塘滟滪堆。

五月不可触，猿声天上哀。门前迟行迹，一一生绿苔。苔深不能扫，落叶秋风早。八月蝴蝶黄，双飞西园草。

感此伤妾心，坐愁红颜老。早晚下三巴，预将书报家。相迎不道远，直至长风沙。

这首长诗说的便是那青梅竹马，两小无嫌猜的纯真恋情，纳兰性德与那个女子，亦是一段"所谓伊人，在水一方"的青梅竹马的最初爱恋。

没有什么资料能够确切地证明她的存在，却又分明能从纳兰性德的一些诗作中能感受到她的气息，那个带走了他懵懂爱恋的，让他生出"一生一代一双人"期盼的女子存在于纳兰性德的许多诗文中。

彤霞久绝飞琼字，人在谁边。人在谁边，今夜玉清眠不眠。

香销被冷残灯灭，静数秋天。静数秋天，又误心期到下弦。

——《采桑子》

当词文中的那个"她"从历史的沉寂中渐渐地抖落那层旧沙，碎片化地出现在世人的视线中时，一时引起了无数人的探究，"表妹之说"一时兴盛，被学界和纳兰词的读者们争相传散。

据考证，"表妹之说"最早是出自于《南亭笔记》和《海沤闲话》，而这两本作品中又皆指出其"表妹之说"的观点是来自于《赁庑剩笔》。

张海沤的《海沤闲话》云：

尝见《赁庑剩笔》一则，记《红楼》亦谓叙纳兰故事，皆实录也。其所引证，则与他人之指为叙纳兰事者不相同。因节录其大略于下：纳兰容若眷一女，绝色也，有婚姻之约。旋此女入宫，顿成陌路。容若愁思郁结，誓必一见，了此夙因。会遭国丧，喇嘛每日应入宫唪经。容若贿通喇嘛，披袈裟，居然入宫，果得彼妹一见。而宫禁森严，竟不能通一语，怅然而出。故书中林黛玉之称潇湘妃子，乃系事实。否则黛玉未嫁，而诗社遽以妃子题名，以作者心思之周密，不应疏忽乃尔。其第一百十六回宝玉重游幻境，即指披袈裟冒充喇嘛事。又容若《侧帽词》减兰六阕，与此一一吻合，第三阕即指入宫事。词云："相逢不语，一朵芙蓉著秋雨，小晕红潮，斜溜环心双翠翘。待将低唤，直为痴情恐人见，欲诉幽怀，转过回阑叩玉钗。"以此引证，妃子之说，尤为有力。……《赁庑剩笔》者，署一'虎'字，不知为何许人。称此说得之袁爽秋太常，太常则得之钟子勤者也。

《南亭笔记》的作者——小说家李伯元则进一步翔实了《赁庑剩笔》中的记录，对于这个被纳兰性德所眷恋的入宫女子的身份做了补充：入宫女实为其"中表戚"，而国丧为"某后崩"。姚鹏图在《饮水诗词集·跋》中也谈及了纳兰性德的这桩恋情，更是具体地指出了入宫女与纳兰性德为"表兄妹"。

如今，未见市面上有《赁庑剩笔》一书，所以已无从考证，只有这段话语一直被用以"表妹之说"的引证。而《南亭笔记》则有所考。

《南亭笔记》最初版本为上海大东书局于 1919 年 7 月出

版的石印本，署"武进李伯元著，泾县胡寄尘校订"，李伯元，名宝嘉，原名宝凯，字伯元，别号南亭亭长，笔名游戏主人、讴歌变俗人等，江苏武进人。晚清小说大家，著名报人。全书共 16 卷，有 698 则故事，被读者评为晚清时代的《世说新语》。

《南亭笔记》最初出版时，附有书局的一则文案宣传语：

> 书中所记，多为前清一代遗闻逸事，上自宫廷，下至闾巷，自云得诸四方友人所传述，无事不确，无语不新，非东抄西撮、臆造伪托者可比。晓岚、留仙，差可比拟，读者当信言之不谬也。

于是这则宣传语也成为"表妹之说"的一大论据。

越来越多的人相信表妹的存在，越来越多的关乎纳兰性德的小说演绎或影视作品中也常见表妹的角色，表妹似乎是真有其人。

一样事物发展到了一定的时期，达到了引起社会的重视的程度的时候，必然也将受到另一番考证。于是关于"表妹之说"的考证再一次被提上案头，然而这一次得出的结论却是"表妹"乃子虚乌有。

顷刻之间，之前所有的关于"表妹"的定论都被推翻。

不论李伯元还是张海沤都说这个说法来自《赁庑剩笔》，而《赁庑剩笔》的作者声称这个说法出于袁爽秋之口，而袁爽秋则是从钟子勤那里听来的。

钟文烝，字殿才，号子勤，清学者。道光丙午（1846年）登贤书，再上春官。同治初，应江苏忠义局聘，与陈奂、顾广誉诸人同任编纂。主讲敬学书院十二年。治经崇尚汉儒，尤究心《春秋》。

从这一处看来，钟子勤是一位潜心正统的儒学家，若说是这轶事的最初传播者，未免存在几分疑虑，且《赁庑剩笔》是一部根本就找不到的作品，无从考证它的真假，连是否存在也值得让人怀疑。《南亭笔记》虽被提为"无事不确""读者当信言之不谬也"，然《南亭笔记》的创作源头却是来自于"诸四方友人所传述"，在传述过程中发生谬误或者传述者本身谬误也未可知。当然，斥驳"表妹之说"的最有力的证据莫过于，任何一本可考的著作中，都没有出现过任何"表妹"的记录。

两派各执一词，一时打得火热，中间派就是在这个时候出现的。一些学者指出，"表妹之说"不存在，然而这些记载不一定纯属"乌有"，即使不完全符合事实，但纳兰性德曾有所爱而未能结合这一点却是可以肯定的。他曾经确切地拥有过一段两小无猜的懵懂初恋，将他从天上拉入凡尘之中，让他欢喜，让他在无数次回眸间，殷殷期盼着那"回廊"之处，伊人犹在。

事实如何，早已随着岁月尘封，索性纳兰性德还留下了一些词篇，能够让后人从他中窥得当时一二，去编织一段青梅竹马的纯纯旧情，一个入宫的奇闻轶事，一个表妹的如梦似幻。尽管多有不实，却依旧愿意于闲暇间一品其中甜苦。

第一节　郎骑竹马来，绕床弄青梅

> 夕阳谁唤下楼梯，一握香荑。回头忍笑阶前立，总无语，也依依。
> 笺书直恁无凭据，休说相思。劝伊好向红窗醉，须莫及，落花时。
>
> ——纳兰性德《落花时》

偶然间见得一句："落花，是飘在风里的一首诗。"自此便再没能忘记。落花，它果真是一首诗，带着说不完道不尽的意味，伴随着微风，芳香四溢，在空中打个璇儿，或飞入窗棂，陪伴一个多情人儿，与一段难以言说的旧事同归于寂；或缤纷簌簌，片片飞花随流水，织就一番落花流水的情意。

落花的意境，真是太过美丽，又太过哀愁。

词，作为继乐府后另一类可以合歌而唱的文学体裁，伴曲唱而生，因而产生了词调，词调之间，或按词制调，或依调填词，从而形成曲调，随着词的发展兴盛，后来便开始将曲调称之为词牌。

填词的起源可以追溯到晚唐时期，温庭筠——中国历史上第一位词作大家。温庭筠在开创填词之作时，同时规范了词的长短句式和格律，所谓"词之有图谱，犹诗之有体格也"。《落花时》为双调，四十八字，上片三平韵，下片两平韵。光绪六年（1880 年）许增《纳兰词》刻本有注云："按此调谱律不载，疑亦自度曲。"

读此词牌，落花时，让人不由得想起片片飞花，一个带着淡淡哀伤的桃花梦境。在纳兰性德的词作中，似乎没有哪一处不伤情，没有哪一处全是欢乐的。易安居士李清照虽为愁的化身，然其词曲间却有"争渡，争渡，误入藕花深处"的少女趣事，然而纳兰性德写及美好事物时候，无论怎样读来，却都夹杂着一缕盛开之后的凋零。这阕《落花时》已经是为数不多的比较欢愉的作品了。

夕阳的红晕染了天际，少年郎在红楼下低低轻唤，女子从楼阁间奔下，两人十指相握，带着少年人说不尽的心波暗涌，绵绵情意。读到这一句"夕阳谁唤下楼梯，一握香荑"，总觉有一种"静女其姝，俟我于城隅。爱而不见，搔首踟蹰"的感觉，于娴静处描绘出一丝生动和心动。

两人的手才将将地握在一起，女子却突然转身回廊，又忍不住伫立阶前，忍住了见到良人的欢喜之意，虽是眼眸依依，却是一语不言。而后一句"笺书直恁无凭据，休说相思"，道破缘由，原是先前笺书相约，男子却无端失约，难免嗔怨。然而尽管诸多埋怨，却到底不忍就这般真的"休说相思"，情意断绝了，女子又曲款相劝"好向红窗醉"，切勿等到花落之时，落花飞去再无花，莫待无花空折枝，却是情真意切。

短短数语，却将"欲将离恨寻郎说，待得郎归恨却休"的少女心怀写得细致入骨，言辞殊丽，却犹如月照清荷，尽展《诗经》的无邪情意，愿与君"永以为好"。

若说纳兰性德的一生中没有这个初恋女子，则未免难以教人相信光凭臆想便能写出这般一言一语皆是情的故事来，他的生命中必然是存在过这样的一个女子，方能有此《落花时》。似李白《长干行》中"妾发初覆额，折花门前剧。郎骑竹马来，绕床弄青梅。同居长干里，两小无嫌猜……"的青梅竹马，两小无猜。

在古时的金陵城，在一个叫长干里的地方，有两个天真无邪的孩子，一个男孩和一个女孩。刘海初覆额的女孩子在门前折下了一枝心爱的花儿。而邻家那淘气的男孩子骑着一根竹棍子来找她玩儿，兴致勃勃地象是骑着想象中的高头大马，绕着庭院中的辘轳井栏，追逐嬉戏，耍弄着青梅。两个懵懂的孩子两无嫌猜，亲昵嬉戏。这种天真、纯洁的感情是人生历程中一种美好的熹光，一种明净的风景，最终会成为一种长久的、绵绵的岁月思念。

这一段初恋，从一开始似乎就已经存在了，然而关于它的开始，却没有谁知晓，只是在纳兰词中，能够寻得一阕《如梦令》，拉开了这一段初恋的最初帷幕，窥得两人相见时分的那种如同在佛前求了五百年才求来的相遇。词云：

> 正是辘轳金井，满砌落花红冷。蓦地一相逢，心事眼波难定。谁省？谁省？从此簟纹灯影。

对于《如梦令》，最熟悉的莫过于李清照篇："常记溪亭日暮，沉醉不知归路。兴尽晚回舟，误入藕花深处。争渡，争渡，惊起一滩鸥鹭。"用短短的三十三字，便将少女时代的玩耍之景描绘得生动活泼，让人仿若亲见。纳兰性德的这一阕《如梦令》也将自己的心事说与几人听。

这首词开篇便点出了他们相遇的地点，"辘轳金井"。"辘轳金井"这个词在古诗词中是很常见的。"辘轳"是一种井上用来汲水的装置，摇动有声，汲水多在清晨。故诗词中多用辘轳为清晨意象。如周邦彦《蝶恋花》词有云："更漏将阑，辘轳牵金井"两句点明将晓。南唐李璟有《应天长》词："柳堤芳草径，梦断辘轳金井。"除了清晨，"辘轳金井"还有直接表达爱情的意象。《辘轳歌》："新系青丝百尺绳，心在君家辘轳上。我心皎洁君不知，辘轳一转一惆怅。"

"辘轳金井"本是宅院中极常见的事物，却因为有了相见，这处地方便被赋予了不一样的情感，是个值得记住的地方，那"正是"二字便能体会出词人心中的那一缕庆幸。恰恰是在这辘轳金井旁边，得遇佳人。

在那个月下柳梢头，天色已初晓的时刻，虽已是落花时节，但空气中残留着的一丝寒冷却尚未褪去，台阶上飘满了林花春红，正是"满砌落花红冷"。既渲染了辘轳金井之地的环境浪漫，又点明了相遇的时节，与前文所言的《落花时》相互映衬。两个人在缤纷落英中"蓦地一相逢"，眼波流转间，心事已转了千百回。读到此处，难免想起秦观《鹊桥仙》："金风玉露一相逢，便胜却人间无数。"只那一眼，便如同前世做了约定今生定要相遇一般，金风玉露，人间只此二物，只有彼此。"蓦地"，陡然地，又有辛弃疾《青玉案·元夕》中"众里寻他千百度。蓦然回首，那人却在，灯火阑珊处"的那种"啊！原来你竟是在这里"的恍然之觉。

一见钟情，霎那动心。自此，是"谁省？谁省？从此簟纹灯影。"谁晓得呢？谁晓得呢？《如梦令》的这一格调真是恰到好处，将少年郎的那种急切地想要同那女子表露却又不敢随意地表露的忧心问了出来。少年郎辗转反侧，难以入眠，正是"窈窕淑女，寤寐求之。"只将那期盼诉诸在簟纹灯影中。

初读此词，可知纳兰性德这一段纯粹的爱情的天真无邪，再读时，却又多了几分伤感，因为了解了词作背后的心酸。这首词作是纳兰性德的回忆之作。那个让他"蓦地一相逢，心事眼波难定"的女子早已成了记忆，当时的那点心动，那点辗转，早已随着时间，随着最后的结局而载满了愁绪，便是连那"谁省？谁省？"都似乎不再是少年郎不知该如何表达的纠结的诉说，而是一种深深的无奈，无奈一些事情不可违逆，无奈终究是分离，无奈的最后，只余下"簟纹灯影"，孤寂一人，再要相见，唯恐只有梦中了。

苏东坡有诗云："扫地焚香闭阁眠，簟纹如水帐如烟。"在朦胧的灯影里，在凉沁的枕簟之上，纳兰性德默默地回忆着，看似水的哀愁流淌浸染了全部的故事，模糊了一切关于青春关于爱的所有记忆。

后人将这个女子归结为纳兰性德的表妹，并非没有缘由。一来，清代对于女子的束缚几乎达到了最严苛的时期，女子需待在闺阁之中，不得随意与男子相见，更何况轻言约会。约会在当时的年代里，几乎是不存在的事情，除非同在屋檐。

赵烈文《能静居笔记》有云：

> 曹雪芹《红楼梦》，高庙末年，和以呈上，然不知其所指。高庙阅而然之，曰："此盖为明珠家事作也。"后遂以此书为珠遗事。

《红楼梦》中贾家的荣衰兴亡与纳兰家太过相似，于是被冠以"此盖为明珠家事作也"之说，若贾政的原型为纳兰明珠，则贾宝玉的原型多少也沾了些纳兰性德的影子，且纳兰性德的诗词作品中，又有大量与《红楼梦》和贾宝玉暗合。

如《饮水诗·别意》六首之三：

> 独拥余香冷不胜，残更数尽思腾腾。今宵便有随风梦，知在红楼第几层？

又《於中好》一阕：

> 别绪如丝睡不成，那堪孤枕梦边城。因听紫塞三更雨，却忆红楼半夜灯。

《减字木兰花》一阕：

> 莫教星替，守取团圆终必遂。此夜红楼，天上人间一样愁。

"红楼"二字在纳兰诗词中反复出现，《金缕曲·亡妇忌日作》一阕更有："此恨何时已。滴空阶、寒更雨歇，葬花天气。"之言，"葬花"二字始出于此。可见虽有巧合，却也有据。

那么林黛玉即为表妹原型的这一说法便也十分有可能是存在的，不免会被引以为真，为纳兰性德的"表妹"其人增添了几分神韵。

关于表妹是纳兰性德的初恋，流传着这样一个故事。

纳兰性德的表妹幼时父母双亡，如同林黛玉一般，不得不寄住在表亲纳兰家。

纳兰性德出生后的很长一段时间里，纳兰家都没有填过新丁，男孩子对于女孩子由古便有一种喜欢，所以对于表妹的到来，纳兰性德自然是怀着一颗殷切期盼的心，于是在相处之间，两人的爱恋与日俱增。

随着年龄的增长，一个成长为翩翩美少年，才情卓绝，英姿飒爽，一个出落成绰约倾城色，凤簪斜插，玉洁冰清。因为纳兰家诗书众多，纳兰明珠又偏好汉文学，所以给纳兰性德请了诸多教授汉文学的老师。既是在同一个屋檐之下，这个表妹也难免跟着学了些诗书，沾染上汉人风气。这样吃住在一起，又有着相同的喜好，可以相互探讨几句，两人间生出几许情意也是十分正常之事，于是互通曲意，订下了执手盟约。

然而这一段爱恋终究是不容于纳兰家的，一来这个表妹已经家道中落，对于仕途日渐畅通的明珠来说，他是不会同意这样一个对纳兰家、对纳兰性德的仕途没有丝毫帮助的女子成为他的儿媳，他的儿媳必然是门当户对的；二来，那边是所有满蒙汉八旗家族都逃不过去的另一道关卡——选秀。清代的后宫，从皇后到宫女，无一例外都是从八旗人家中挑选而出。旗人，是清朝独有的。因此，从旗人女子中挑选后宫粉黛的制度，也是清代独有的。

清太祖努尔哈赤在统一女真的过程中，还创立了八旗制度。这套制度是在女真人原来的狩猎组织的基础上建立的，是军政合一的制度，兼有行政、军事、生产等多方面职能。以黄、白、红、蓝四色旗帜为标志，组成镶黄、镶白、镶红、镶蓝、正黄、正白、正红、正蓝八旗。清入主中原后，旗人又有八旗和内务府包衣三旗的区别。八旗包括满洲八旗、蒙古八旗和汉军八旗，共二十四旗，这是清政权赖以统治的主要支柱；内务府包衣三旗则是清皇室的奴隶，二者的政治地位不同。

顺治朝规定：凡满、蒙、汉军八旗官员、另户军士、闲散壮丁家中年满十三岁至十六岁的女子，都必须参加三年一度的备选秀女。选中者，留在宫里随侍皇帝成为妃嫔，或被赐给皇室子孙做福晋，经参加选秀女者，不得嫁人，十七岁以上的女子不再参加。

这一场选秀，是所有在旗的女子都避不开的劫。显然，纳兰性德若是要与表妹执手白头，首先便要过去"选秀"这一关卡。

这是朝廷的例律，没有人可以违抗得了。在选秀之前，明珠甚至没有为儿子挑选适合的妻子的想法，因为想了也是白想，若是一朝入宫，不过是平添纠葛罢了。

而表妹的入京，除了因为她家庭破裂，没有依靠的缘故，也有着选秀的缘故，明珠虽不会同意这个表亲做自家的媳妇，但却十分愿意她成为宫中的妃嫔，以便能借一场东风，为纳兰家谋些益处。

只是这个时候，两个偷偷相恋的人还根本没有想到横梗在他们之间的这一道道的关卡。他们只是用着最真诚的最纯粹的一颗赤子之心，做着偶尔红笺传情、楼下幽会的趣事，用一卷诗词互相倾诉爱意，定下彼此间如同汉乐府民歌《上邪》中"我欲与君相知，长命无绝衰。山无陵，江水为竭。冬雷震震，夏雨雪。天地合，乃敢与君绝"那般的盟约。

尽管纳兰性德和表妹从未考虑过"选秀"一事，然而"选秀"终究还是如期而至了。皇权是没有人能够抵抗得了的，表妹终究还是被送进了宫墙里去参加那三年一次的大选。离别那会儿，两个人必然是依依不舍，甚至或许还在菩萨的面前许过千万不要被选上的愿望，表妹入宫归来后便再也不要离开的愿望。

只是现实终究是残酷的，很多时候，越是在意千万不要发生此事，此事就越是发生了。或许是因为纳兰明珠的地位，或许是因为这个表妹的容貌和文采太过出众，又或许是因为她不愿意，所以表现出了一副淡然的神色，以至于入了宫中贵人的眼，竟阴差阳错地被选上了。这一刻，犹如五雷轰顶，击打得人直立不住。

这一段少年时期的爱恋终究因为皇权而画上了句号，那些曾经许下的山盟海誓，无一不在朱红色的宫城中碎成了一粒一粒的沙，被风吹走了，一点回旋的余地也没有给他们留下。从此宫墙森严，竟是再也出不来了。

第二节　墙里秋千墙外道

> 冷香萦遍红桥梦，梦觉城笳。月上桃花，雨歇春寒
> 燕子家。
>
> 莛篿别后谁能鼓，肠断天涯。暗损韶华，一缕茶烟
> 透碧纱。
>
> ——纳兰性德《采桑子·茶烟碧纱》

缘分，真真是一样十分奇特的事物，时而因人而起，努力一番便见得了成效，时而又追逐不得，所谓"放不下，忘不掉"皆是无缘而已。谁也不晓得"缘分"这两个字该怎么解，反正有缘无缘，都是上天注定，上天说了算，人，只能在缘分之下，欢喜，忧愁，乐极，哀致。

因为缘分，纳兰性德能够在年华正好里遇见那个令他欢喜的女子，有过那样一段两小无猜的"夕阳谁唤下楼梯，一握香荑"的青梅爱恋，然而纳兰性德与那个他初初爱恋的女子终究也没能逃得开"缘分"二字，没能逃得开命运的作弄，不过是在红尘中，演绎了另一个有缘无分的"别离难忍忍别离"的故事。

康熙康熙十二年（1673），这个三月，正好有一场读书人殷切期盼的殿试。此前纳兰性德已经成功的度过的顺天乡

试和会试，只等殿试之后，便能正式踏入仕途，实现一个读书人"为天地立心，为生民立命，为往圣继绝学，为万世开太平"的梦想。然而因为一场寒疾，将他所有的希望与梦想都被打破了，纳兰性德卧病在床，只能一遍又一遍地在脑中幻想昔日同窗在圣殿上的情形，一遍又一遍地暗恨自己的弱躯病体。这一年，纳兰性德诗词渐多，这一阕《采桑子》也疑作于此时，这一年，纳兰性德十九岁。

人在失意之时，难免要触景伤情，想起一些往事，想起一些故人。按照词中"月上桃花"，可知写作之时，桃花已然盛开，而按照桃花盛开的时节，也即是三月，这首诗如果真为此年所做，未免太过悲情了些。仕途和美人，竟是一样也与他无缘。

仕途因为一场寒疾而被迫暂时中断，卧病在床，无人可抒心中悲切，便不禁想起了那个曾经言笑晏晏，可以让他毫无顾虑的说出心头烦忧的女子。

花香，虹桥，梦里，胡笳。

开篇一句"冷香萦遍红桥梦，梦觉城笳。"突出四个意向，"冷香"在诗词中是一个常常得见的意象，常常用来指代花果清香或花之清冽。宋代梅尧臣《依韵和正仲重台梅花》云："冷香传去远，静艳密还增。"姜夔《念奴娇》词："嫣然摇动，冷香飞向诗句。"与纳兰性德同代的陈维崧也有《二郎神·咏梅子》词："箨颗颗冷香松脆，想尔料难胜口。"

从后句的"月上桃花，雨歇春寒燕子家"可看出，这正是早春时节，夜里天气本就微寒，更何况才经历过一场暮雨潇潇。花香幽幽，回旋缠绕在红桥，流连不绝于梦中。这一夜，他做了一个梦，梦中似乎又回到了那年，红桥上他们曾携手，虹桥下，他们曾泛舟，然而突然而来的孤城里响起了胡笳的悲凉曲调，让他不觉惊醒过来。帘外雨歇，明月爬上了桃花树梢，这初春的寒意，已经透进了"燕子家"，也透进了人心。

"箜篌别后谁能鼓"，分别后，再也没有人能波动箜篌的丝弦，也无人懂得高山流水的雅韵，犹如辛弃疾《满江红》词所写："人去后，吹箫声断，倚楼人独。"箜篌常作为闺中思妇怀人的意向，唐代诗人张祜有《箜篌》云："不堪闻别引，沧海恨波涛。"卢仝《楼上女儿曲》诗中云"林花撩乱心之愁，卷却罗袖弹箜篌。"皆是思念、忧愁之意。词人在此处亦是"肠断天涯"，无限忧思。韶华暗损，那些过去了的事，过去了的人再也不复归来，留下的，只是"一缕茶烟透碧纱"，一缕穿过清透碧纱的浓浓青烟罢了，虽曾有幽香，然待片刻，便了无痕迹。

这个时候，纳兰性德已经与心爱之人分别，按照《海沤闲话》："纳兰容若眷一女，绝色也，有婚姻之约。旋此女入宫，顿成陌路。"这个女子入了宫墙。于他而言，他不过是兵部尚书家的儿郎，又无功名在身，面对这一场皇权下的选秀，他连挣扎的机会都没有。就这样眼睁睁地看着那个曾经与他偷偷地定下盟约的女子进入宫墙，从此是"墙里秋千墙外道。墙外行人，墙里佳人笑。笑渐不闻声渐悄。多情却被无情恼。"一句"墙里秋千墙外道"，仿佛是专为纳兰容若的这段初恋而造。

宫墙，自古以来若不是兵临城下，便没有谁人能够穿透。那朱红色的四方城里，葬送了多少痴男怨女的爱恋。仰望森森的宫墙，隔断了春天，隔断了人世。这段恋情，隔着那厚重的宫墙，最终也只是人虽多情，天却无情。

纳兰性德还有一首《浪淘沙·红影湿幽窗》：

> 红影湿幽窗，瘦尽春光。雨余花外却斜阳。谁见薄衫低鬓子，抱膝思量。
> 莫道不凄凉，早近持觞。暗思何事断人肠。曾是向他春梦里，瞥见回廊。

写的也是怀恋旧情，幽独伤感之情。

"红影湿幽窗，瘦尽春光。"红影，幽窗，春光……雨后，窗外的红花被打湿，仿佛是春色到了最后的时节，立即便要瘦尽，用一"湿"字，一"尽"字，将阑珊春意，雨后落花的景象写得分外动容。"雨余花外却斜阳"则是化用温庭筠的《菩萨蛮》："雨后却斜阳，杏花零落香唐"一句，雨后的夕阳悬挂，一树杏花却在急雨过后显得稀疏飘零。

在这样一个雨后天气，他不禁想起了那个穿着轻薄衣裙，梳着低垂发髻的女子抱着膝盖暗暗思量的样子。雨后、残花、斜阳、故人……这一样一样，将词人心间那淡淡的哀伤沁入读客的心脾。

一句"莫道不凄凉，早近持觞"更是将心中苦闷写尽，犹与李清照《醉花阴·薄雾浓云愁永昼》中"莫道不消魂，帘卷西风，人比黄花瘦"暗合。他独自一人举酒持觞，暗思着那断人心肠的旧事——"曾是向他春梦里，瞥见回廊。"原来是在梦中，曾在回廊处瞥见了她的身影，揭开了心底那段已经埋葬了的旧情。

"回廊"二字，常常出现在中国古典诗文中，语出杜甫《涪城县香积寺官阁》诗："小院回廊春寂寂，浴凫飞鹭晚悠悠。"这里的"回廊"不过只是寂寂春色里小院中的一隅，而到了冯延巳《菩萨蛮》"回廊远砌生秋草，梦魂千里青门道。"回廊便被赋予了一种情感，常与梦魂联系在一处。纳兰词中可见的"回廊"有好几处，最为著名莫过于《青衫湿遍》中的"愿指魂兮识路，教寻梦也回廊。"可谓凄美绝伦。回廊之处，伊人故影，只能梦中再见了。

这一首小令，"纤绵中得凄婉之神"，写离别后那种相思相望，读之令人心生悲恸惋惜。

在姚鹏图在《饮水诗词集·跋》中，指出了《赁庑剩笔》中所提及的"入宫女子"实际上是纳兰性德的"表妹"，表妹入宫之说便是这样开始的。

按照"表妹之说"，那么这个"表妹"入宫的时间最可能便是在康熙七年或者是康熙十年，康熙十二年到康熙二十年，因为三藩之乱的缘故，并没有选秀活动，而此前康熙四年和康熙七年也曾有过两次选秀，然而康熙四年时，纳兰性德也才十一岁，小表妹还未到十三岁的年纪，而康熙七年和康熙十年，则十分有可能正好当龄。

气若幽兰、好读诗书的表妹既然能入得纳兰性德的眼，自然也入得宫中贵人的眼，尽管这一次选秀之前，他二人或许曾约定归来便与父母说及婚姻之事，幻想归来便是实现他们曾经许下的诺言之时，然后，这一去，表妹没有归来，她成了深宫的女子，皇帝的女子。春草年年绿，佳人不复归。

如果历史上真的存在过"表妹"其人，那么按照她父母皆亡，寄与明珠家，明珠此时又已经是权臣，那么这个女子被选作后宫嫔妃后，必然要将她的家世记录在案。可考究康熙的后宫，有孝诚仁皇后赫舍里氏、孝昭仁皇后钮祜禄氏、孝懿仁皇后佟佳氏、孝恭仁皇后乌雅氏、敬敏皇贵妃章佳氏、定妃万琉哈氏……诸多后妃中，与纳兰家有关的只有两人，一人是惠妃纳喇氏，郎中索尔和之女；一个是通嫔纳喇氏，监生常保素之女。这两个女子，按照姓氏来说，都应该是纳兰性德的堂姐妹。

民国女作家苏雪林考究说这个"表妹"其实是纳兰性德

的"姨表妹"，也即是纳兰性德母族的姐姐的孩子，也未可知，终究是尘封在历史中的故事，后人也仅仅是从推断和有记录的史料去推断而已，然而事实如何，终究是无从知晓。

"表妹之说"一直以来都是纳兰性德一生中的一个悬案，其实究竟有没有其人又有什么打紧，曹寅说："纳兰心事几人知"，后人便是能够从他的词里行间搜索到一些他的心事，解读一些他的心事，然而不是其人，终究有一些东西是不能道的，所谓"如鱼饮水，冷暖自知""子非鱼，安知鱼之乐也"。

第三节　只为多见那一面

> 相逢不语，一朵芙蓉着秋雨。小晕红潮，斜溜钗心只凤翘。
>
> 待将低唤，直为凝情恐人见。欲诉幽情，转过回阑叩玉钗。
>
> ——纳兰性德《减字木兰花》

"相逢不语"。犹如千斤重石瞬间击落心头，道破久别重逢后的那一瞬间的悸动。一念之间，似乎风云变幻，连草木的呼吸的声音都听不太真切了，心跳刹那停止，只有眼中倒映着彼此的身影。就这样平静地伫立着，伫立在一个只有他们二人的时空，呼吸着空气中彼此的温度。即便是这样，也不能够说得出那"相逢不语"四个字所描绘的那一刹那。

曾经在一本书上看到过关于"一刹那"的时长的问题，印度《僧只律》："刹那者为一念，二十念为一瞬，二十瞬为一弹指，二十弹指为一罗预，二十罗预为一须臾，一日一夜为三十须臾。"据此可以推算：一天一夜24小时有480万个"刹那"，24万个"瞬间"，1.2万个弹指，30个须臾。一昼夜有1440分，一"须臾"等于48分钟，一"弹指"为7.2秒，一"瞬间为0.36秒，那么"一刹那"，应该是0.018秒。

在这样短的时间里，两个重逢的人心中已涌动了万千思绪。

相逢，是多么美妙而浪漫的字眼。"蓦地一相逢，心事眼波难定"，那日清晨在辘轳金井旁，他们相逢，满彻落花红冷，自此佳人在心，辗转反侧，忧思难忘。

而今再相逢，曾经欢笑的容颜还清晰得如同昨日，耳边似乎还回响着往日里低喃过的情话，许下誓言仿佛就是昨日才有的事，指尖的温度还没能够完全的褪却，然而却是沧海化了桑田，早已时过境迁。那些相思相盼，即使已经在心间描摹了无数次，再见之时，也只是哽在喉咙，开不了口。却是比柳永《雨霖铃》中："执手相看泪眼，竟无语凝噎"来得更情深意切，此时无声，胜过有声，湿了青衫几遍。

"相逢不语，一朵芙蓉着秋雨。"此句令人不由想起郑愁予的那首《错误》："我打江南走过／那等在季节里的容颜如莲花的开落／东风不来，三月的柳絮不飞／你的心如小小的寂寞的城／恰若青石的街道向晚／跫音不响，三月的春帷不揭／你的心是小小的窗扉紧掩／我达达的马蹄声是美丽的错误／我不是归人，是个过客。"

诗名《错误》二字，便已然为整篇奠定上一种悲凉凄楚之色，一句"等在季节里的容颜如莲花"更是读之心酸，就如同这里的那"一朵芙蓉着秋雨"。芙蓉，也就是莲，它本质雅致恬静，该当盛开在那个火热的盛夏，以最美的最高洁的姿态矗立水中央，然而这却已经到了秋季，一场秋雨一场愁，它沾着秋雨，将过往都洗刷。

两个人就这般站立着，不知过了多久，她的脸上才微微泛起几许红晕，他想要低低地唤她一声，叫她一遍那个时刻出现在梦里的名字，叫一声，将自己饱含着的热泪相思都叫进这一声低唤中，然而终究嘴唇翕动，却是无声。因为"恐人见"着那份被他暗藏在心底的情意。只能转过回阑轻叩玉钗，用玉钗的清鸣，将心事诉说。

《海沤闲话》中的"妃子之说"就是引纳兰性德的这阙词为证，后来的"表妹之说"也皆拿了这阙词作文章，指此词乃是纳兰性德入宫，见表妹后怅然之作。正暗合了《赁庑剩笔》中："纳兰容若眷一女，绝色也，有婚姻之约。旋此女入宫，顿成陌路。容若愁思郁结，誓必一见，了此夙因。会遭国丧，喇嘛每日应入宫唪经。容若贿通喇嘛，披袈裟，居然入宫，果得彼妹一见。而宫禁森严，竟不能通一语，怅然而出。"这一旧事。

按照这一则《赁庑剩笔》所言，这阕词应该是作于康熙十三年（1674 年）五月，那个时候，康熙帝的皇后赫舍里氏因生皇子保成（胤礽）而崩，举国大丧。

那时，皇宫中大办道场，达赖喇嘛一直被受清廷尊崇，"达赖"在蒙古语中是"海"的意思，"喇嘛"在藏语中是"上人"的意思。自顺治帝正式册封达赖五世罗桑嘉措为"达赖喇嘛"，承认达赖在西藏的政治和宗教地位后，清廷内凡需要诵经的议程也都由达赖喇嘛主持进行。这一次国丧也自然不例外，大丧期间，每天有无数的达赖喇嘛入宫诵经超度。

白砖红瓦的紫禁城里弥漫着一股悲伤的氛围，然而有一个人的心，却是激动的，跳跃的，欢愉的。二十岁的年纪，正是容易冲动铤而走险不顾后果的年纪。纳兰性德自表妹入宫之后一直郁郁寡欢，再加上因寒疾困扰而没能参加考试，后来又因为《通志堂经解》而名满天下，这一次都让这个才二十岁的少年感到自己需要或者能够做一些什么事情，来缅怀那段再也没有结果的初恋。所以，他做了一件令所有人都惊讶的甚至谈得上惊悚的事——私入宫墙。这是一次冒险，一次只为了再见佳人一面的冒险。

威严的紫禁城，带着皇权的威压，这不是一个容易进入的地方，也不是一个容易出来的地方，更何况他将要做的事情是私会皇帝的宫妃。一旦被抓住，这就是大逆不道，抄家灭门的大罪，不但他将要身死，更足以毁灭他的父亲这些年一步一步才经营起的明朗仕途。

然而，这所有的一切都没有在少年郎的考虑范围中，他已经被这个大好的入宫机会冲昏了头，他已经被即将要见到自己心心念念的表妹迷了魂魄，他什么也想不到，十分不负责任地没有考虑后果，而将一切的结果丢给了家族。

少年郎开始对进宫一事做周详的计划，他先是买通了每日都要进宫为逝去的皇后诵经的喇嘛，这些喇嘛可以自由地出入宫廷，又因为他们的身份，而免遭盘查。于是他就这样裹挟在袈裟大袖的僧人行列中，没有引起任何侍卫的注意，偷偷地混进了皇宫。

皇后大丧，后妃自然也需每日在堂内守丧，少年郎低着头跟随着喇嘛的队伍到了奠堂，学着他们的样子，嘴唇翕动，假意念着经文，他不敢睁开眼睛，因为所有的喇嘛都是闭着眼诵经的。他在心底一遍又一遍地想着，自己那个解意人儿会不会就在这堂中的群玉间呢？他虔诚地，一遍又一遍地向佛祖许下愿望，希望他们能够相遇。

这一场法式持续了很久，少年郎的心也煎熬了许久，总算是结束了，他睁开了眼睛。后妃们陆陆续续往门外走，人影飘渺间，他终于发现了那个让他敢闯宫闱，让他思念了许久的人。

相逢无语，咫尺天涯。

未见到这人时，心头便将相见时的场景演绎了千百遍，将想要开口说的话也想了千百遍，然而当真见到的时候，他却是一句话也说不出来，一句话也不敢说出来了。

这里是最森严的皇宫，从前那个下得楼梯来与他"一握柔荑"的女子已经是皇帝的妃子，是这深宫中的女人了。这巍巍宫墙，这周遭的这么多双眼睛盯着，他不敢，"待将低唤，直为凝情恐人见"，他连她的名字都不敢叫一声。相逢不语，却也只能相逢不语。他能够看到她，却再也感受不到她掌心的温度，她也能够看到他，却也不能再听到他如从前那般在她的耳边低低的吟唱那一首首刚刚作出来的词。

她想要说话，可是堂中的人越来也少，她不能开口，也不能展露出一丁点的情意，只能在回阑出，轻轻地叩响发髻之上的那一支玉钗。学那鸿雁传书，将一腔幽情寄托，期望他能够听见，能够懂得自己的心意。

当一切的情意只能用沉默来作为结语的时候，这份情也就是该枯萎凋零的时候了。少年郎终于如愿以偿地见到了故人，尽管多有悲戚，却终究是明了这一段情必然将要画上一个休止符，如同那秋风里的芙蓉，终将谢去，然后片片花瓣跌落水中，随着流水，再不复回。

正如六世达赖仓央嘉措一首诗云：

> 第一最好不相见，如此便可不相恋。
> 第二最好不相知，如此便可不相思。
> 第三最好不相伴，如此便可不相欠。
> 第四最好不相惜，如此便可不相忆。
> 第五最好不相爱，如此便可不相弃。
> 第六最好不相对，如此便可不相会。
> 第七最好不相误，如此便可不相负。
> 第八最好不相许，如此便可不相续。
> 第九最好不相依，如此便可不相偎。
> 第十最好不相遇，如此便可不相聚。
> 但曾相见便相知，相见何如不见时。
> 安得与君相诀绝，免教生死作相思。

这首诗连用"最好不""如此便"的句式，将相思相望之意辗转说尽，又不免悲悯，相见、相恋、相知、相思之后，终究是生死决绝。就像这一对少年男女，在短暂的幸福之后总是伴随着一个悲凄的落幕，他们的落幕，以最后的相逢，最后的不语而结束。再也不会有这样一个人，能够承载起他最初那份懵懂的无邪爱恋。他走出了宫墙——那个结束了他的梦的地方，怅然若失。

张爱玲曾经写过一篇简短的散文《爱》，里边记录了这样一个故事：

"这是真的。

"有个村庄的小康之家的女孩子，生得美，有许多人来做媒，但都没有说成。那年她不过十五六岁吧，是春天的晚上，她立在后门口，手扶着桃树。她记得她穿的是一件月白的衫子。对门住的年轻人，同她见过面，可是从来没有打过招呼的，他走了过来。离得不远，站定了，轻轻的说了一声："噢，你也在这里吗？"她没有说什么，他也没有再说什么，站了一会，各自走开了。

"就这样就完了。"

故事就这样结束了，百来字，惊鸿一瞥间，已经是满目苍凉，心有悲戚。

那一年，桃之天天，灼灼其华，将整个春日的天空都映得多了几分温柔的绯色。

天上的月很圆，偶尔有一阵清风吹来，伴着几缕清凉，吹落了一地的桃花。那个时候，她十五六岁，正是如桃花一般灿烂美丽的年纪，月白的衫子像月光那样绝世独立。她就站在后门的那株桃花树旁，在一地的粉色中静静地等待，静静地，等待有一天，对门里走出来那个已经让她等了许久的男子。

他走了出来，在月光下，一步一步地朝着她走过去，然后停在离她不远的地方，站定。站定这个动作真是极好，仿佛岁月里飘浮过的一阵轻盈的风，将桃花瓣卷起，又仿佛一池碧水，偶尔在波心投映下天上一朵云的影子，就那样静静地，描绘着世间最美的相遇。他望着她，她也看着他。寂静的夜里，响起了他的声音，如清水敲击在青石上的那一声叮咚，涌进她的心房，荡起一圈一圈的清波。

噢，你也在这里吗？

她的心静静的，为这一句，她从前那些等待在黑夜中的期盼就已经够了。天上的月依旧明朗，树上的花依旧芬芳，荡漾的风吹起衫子的一角，时光如水般宁静，清透。她没有说什么，他也没有再说什么，站了一会。仿佛要发生点什么，却又什么都没有发生，在那个桃花盛开的春晚，各自走开。

"就这样就完了。"张爱玲用这样六个字来结束了那个晚上，也用两个"就"字结束了这段缘分。"就这样"……"就完了"……没有后来，湖泊波心里那泛起的荡漾慢慢的平息了。再后来，这个曾经如桃花般灿烂的女孩被亲眷拐了，卖到他乡外县去作妾，又几次三番地被转卖，然后经过无数的惊险的风波，一直到老了的时候，她依旧还记得，在那个春天的晚上，在后门口的桃树下，那个男孩儿。

落花流水，莺飞燕过，缘起缘灭，缘聚缘散。就像不是每一个花苞都会绽开成鲜艳的花朵，结出丰硕的果实，不是每一只虫都能破茧成蝶幻化蝴蝶，也不是每一次遇见，都能变成永远。就像金风玉露相逢，胜却了人间无数，但风吹过，停了，露水凝结过，干了。最终，什么也留不下来。

"去年今日此门中，人面桃花相映红，人面不知何处去，桃花依旧笑春风。"

在茫茫人海中，有人擦肩而过，有人在擦肩而过后，蓦然回首，与灯火阑珊处相遇，或许是那目光交汇的片刻，懂了彼此的欲言又止，于是相识，再然后，在谈笑风生中，一种如三月春风般温暖，如绵延细水般缱绻的感觉自心间升起，慢慢的，读懂彼此，再慢慢地产生一种"山无棱、天地合，乃敢与君绝"的爱。

于千万人之中遇见你所遇见的人，于千万年之中，时间的无涯的荒野里，没有早一步，也没有晚一步，刚巧赶上了，那便是好……即使到最后，什么也没有留下，但到底还是得了一段回忆，得了一个再见十分的一句："噢，原来你也在这里。"

第四节　一生一代一双人

一生一代一双人，争教两处销魂。相思相望不相亲，天为谁春？

浆向蓝桥易乞，药成碧海难奔。若容相访饮牛津，相对忘贫。

——纳兰性德《画堂春》

很难想象，究竟是什么原因，能够使得一个满清贵胄，一个流淌着骁勇善战的血液的男人，竟如同生活在温软水乡、碧瓦雕栏里的李后主一般，能够将满怀江南色刻入骨髓，像江南的清风一般，带着一股柔情，轻轻地拂拭掉心头的一抹尘埃，带来一种如饮下杨枝甘露般的迷醉。王国维说，这是因为"纳兰容若以自然之眼观物，以自然之舌言情。此由初入中原，未染汉人风气，故能真切如此。"

"真切"二字，尤其入心。纳兰性德的词大多采用白描，不过是将眼中事物写进词中，却自成一景，一种带着从血脉里散发出的情感的景色，大概，纳兰性德是一个"理想主义"主义者，他心中自有一片山河，自有一片沟壑，自有一番风情。这种风情，不因为外物的变化而变化，那是一个全然为他而诞生的世界。他在那个世界里写下他最真切的感受。

这一点，却是与近代徐志摩很是相似，梁实秋先生在《谈徐志摩》中开篇就写：

"徐志摩是一个彻底的浪漫主义者。

"胡适之先生对于徐志摩的总评是不错的。胡先生说："他的人生观真是一种'单纯信仰'，这里面只有三个大字，一个是爱，一个是自由，一个是美。他梦想这三个理想的条件能够会合在一个人生里，这是他单纯的信仰。"

或者，纳兰性德的一生，也是在追求着他的单纯信仰——

或许是知己，或许是爱，或许是片刻欢愉……谁知道呢？他把它们诉诸于词行中，透过那一首首词篇，在这世上留下几抹痕迹，证明他曾经来过，曾经有过那样这样的心事。若是能有后人领悟，那便也全了他"知己一人谁是"的殷切盼望。

记住纳兰性德的名字，要么是从一句"人生若只如初见"开始，要么便是一句"当时只道是寻常"，再要不然，就是这阙《画堂春》里的那"一生一代一双人"。

"人生若只如初见"出自《木兰词·拟古决绝词柬友》，虽于最开始便注明了这首词是"柬友"，然以女子口吻写作且又是"拟古决绝词"，难免填了几分爱情的味道，常被用于男女初见之情不在时的咏叹句子。"当时只道是寻常"句出自《浣溪沙·谁念西风独自凉》，写了一场回忆，被酒春睡，赌书泼茶，当时寻常场景，如今却是再也触碰不及了，悲苦凄婉之意顿生，令人万般心事如鲠在喉。而"一生一代一双人"却寄与了年轻的词人最热切的期盼，一辈子，与一人。

"一生一代一双人，争教两处销魂。"开篇便是咏叹，叫人闻之心动。

很多时候，爱上一首诗一阙词，其实并非是诗词的全貌，而是爱上了其中的那么一两句，只因那一两句触动了心底最深处那些被禁锢着的或者是盼望着涌出心口的一缕牵丝。好比柳永《凤栖梧》："衣带渐宽终不悔，为伊消得人憔悴。"唐寅《桃花庵歌》："别人笑我太疯癫，我笑他人看不穿。"席慕蓉《一棵开花的树》："如何让你遇见我，在我最美丽的时刻为这，我已在佛前求了五百年，求他让我们结一段尘缘。"

《画堂春》中这一句"一生一代一双人"，触动的几乎是所有人的心，"愿得一心人，白头不相离。""执子之手，与子偕老"的爱情是没有人不想要得到的，所以才"争叫两处销魂"。纳兰性德的这两句最早是出自唐骆宾王《代女道士王灵妃赠道士李荣》："相怜相念倍相亲，一生一代一双人。"和江淹《别赋》："黯然销魂者，惟别而已矣。"却比这二者来得更是直击人心，引起柔软心尖上的微微一颤。

"一生"句后紧紧承接"相思相望不相亲，天为谁春？"本该是霁月清风，却突然转变成涩然哀寒，彼此相思，彼此相望，却不能够亲近，只觉得这满满的春意都没有意义。是突变，却又变得那般自然。此句亦是化用，出自王勃《寒夜怀友杂体》诗："故人故情怀故宴，相望相思不相见。"而李白也有诗《相逢行》："相见不相亲，不如不相见。"

然后以裴航遇云英，嫦娥窃灵药的故事，揭示欲访所爱之人却无由，终究不能轻易得见。这两句又皆是用典。

唐代裴铏《传奇》记载有蓝桥故事：

"秀才裴航道经蓝桥驿，乞浆于老姬。姬使其女云英擎一瓯与之。裴见云英，欲厚币纳娶，姬云：有神仙遗灵药，须玉杵臼捣之；倘得玉杵臼，即予聘。航访得杵臼，为姬捣药百日，遂娶云英，并成仙。"

而他自己，也曾有过"蓝桥之遇"，只是终究"药成碧海难奔"，纵有深情却难以相见。这一句出自李商隐诗《嫦娥》："嫦娥应悔偷灵药，碧海青天夜夜心。"嫦娥窃药飞上青天，然而不过只是换来夜夜凄凉，再也不得于所爱之人相见。

"蓝桥"与"碧海"，皆是天上故事，然"若容相访饮牛津"，与佳人相会，却也是甘愿，"相对忘贫"。

这一首《画堂春》细细解来，似乎没有那一处不是别人的故事，然而却又如此契合地成了他的故事，恰到好处。若非是真有个惹人肝肠寸断的人儿，若非真真切切地有过一朝爱恋，一夕离别，一生不得见，又哪能写出这样的灼热之句？这大概也是为什么有的人那么执着地相信，在纳兰性德的生命中，实实在在地存在过那个初恋女子，即使有那么多的资料显示着那个人的不存在。

想来，大抵是由着这一阕词太过锥心，把人心中所有的一生一代的期盼，所有的别离难忍的暗恨都饱含了进去。每个人的生命中都会有这样的期盼，也都会存在这样的暗恨，所以读来分外的感同身受纳兰性德的言辞，大概就是在这处占了上风吧，毕竟，情之一字，才是所有人都避不开的。铮铮铁骨避不开，柔弱扶风更是避不开。

冯统一在给这篇《画堂春》做笺校时，特地写了一则说明：

此阙写恋人在天，欲访而无由。苏雪林以为此恋人为"入宫女子"，"浆向蓝桥易乞"似说恋人未入宫前结为夫妇是很容易的："药成碧海"则用李义山诗，似说恋人入宫，等于嫦娥奔月，便难再回人间：李义山身入离宫与宫嫔恋爱，有《海客》一绝，纳兰容若与入宫恋人相会，也用此典，居然与李义山暗合。按，苏雪林考诗人恋史，多附会；义山《海客》诗，亦非恋诗。"入宫女子"云云，姑妄听之而已。实际上，人既在天上，即言不在人间，解作悼亡之作，最近事实。

按照苏雪林的考究，则此阙词中，那个词人想要一生一代的人莫过于"入宫女子"。原本山盟海誓的两个人因为一场选秀而被迫分离，即使在此之前，已经暗暗地许下了"一生一代一双人"的销魂誓约，然而终究因为入宫，而变成了"相思相望不相亲"，也暗合了那阙《减字木兰花》中的"相逢不语""待将低唤，直为凝情恐人见。"这般看来，却又似乎不是子虚乌有。

苏雪林之外，冯统一又给出了另一说法，指此做乃悼亡之作，若按照悼亡之作来看，则多半是冠在纳兰性德的原配妻子卢氏的头上，毕竟纳兰性德所做悼亡词，皆是为着卢氏一人而已，那便没有那个"入宫女子"什么事儿，也没有"表妹"什么事儿了，只是在纳兰性德对卢氏的感情的又一次回忆罢了。

在如今的纳兰词的研究中，大部分人是将《画堂春》认定为纳兰性德写给那位初恋女子的，这分明是纳兰性德与那段初恋的最真诚的写照。

不论"表妹"存在与不存在，也不论"入宫女子"存在与不存在，后世人可以考证的是，纳兰性德的一生之中，除了卢氏和官氏两位夫人、妾室颜夫人、知己沈宛这四个有姓氏的女子外，确实还存在过一个不知道姓甚名谁的女子。后来有版本称这个女子叫做"舒穆禄雪梅"，纳兰氏夫人——纳兰明珠的姐姐或者妹妹的丈夫舒穆禄庆吉遇难后，纳兰氏夫人因丧夫成疾，舒穆禄雪梅这便寄居到了明珠府上，这一说出自张钧的《纳兰性德全传》，然毫无根据，想来大抵是传奇演义一类写法杜撰而出，不可考证。还有一个版本称这个女子做"纳喇慧儿"，然而也不过是《康熙秘史》杜撰出的人物罢了。

其实，这个女子是谁，原本对后世人来说并没有太大的意义。她不是一个能引得风云变化的与历史有绝对关系的人，毕竟中国的历史从来都只是指帝王将相的历史而非个人，她不过是红尘一粒，沧海一粟。只是恰巧，在纳兰性德——一个为世人所倾慕的男子的生命中出现了，所以才显得要与其他人格外的不同一些。

　　她的名字，有当时的那些人记得便好，就像她与纳兰性德这段似有似无的爱恋，只要彼此之间记得那一颦一笑也就已经足够。再翻出来，不过是写与人看，增加些茶余饭后的乐趣，显示点儿自己"渊博学识"的一种手段罢了。

　　南宋岳珂《木呈史·记龙眠海会图》中"如鱼饮水，冷暖自知"一句，真是再贴切不过。

第三卷

姻　缘

桃之夭夭，灼灼其华

"桃之夭夭，灼灼其华。之子于归，宜其室家。"

所谓才子多情，才子的情感向来受到后世之人的十分关注，如果是一个多情才子的话，那么茶余饭后的谈资则要更胜一些。

无疑，纳兰性德是个多情人儿，并且这多情已经以最重要的角色融入了他的诗词当中，所以纳兰性德的婚姻考证也就成为研究纳兰词必不可缺的历程。

卢氏、官氏、妾颜氏，这三个女人，是出现在纳兰家族的历史上的。

纳兰性德及冠之年成婚，此后卢氏成为是纳兰词中不可缺漏的主角，一直到卢氏的生命结束，这位词中的主角也没有消失，反而越发鲜活。纳兰性德留下的三百多首词中，直接标为"悼亡"的作品就至少有六首：《青衫湿》"近来无限伤心事"、《于中好》"尘满疏帘素带飘"、《南乡子·为亡妇题照》"泪咽却无声"、《青衫湿遍·悼亡》"青衫湿遍"、《金缕曲·亡妇忌日有感》"此恨何时已"、《沁园春》"瞬息浮生"。其他写相思回忆的篇章更是无数，如《荷叶杯》：

> 知己一人谁是？已矣。赢得误他生。有情终古似无情，别语悔分明。
> 莫道芳时易度，朝暮。珍重好花天。为伊指点再来缘，疏雨洗遗钿。

开篇即问："知己一人谁是？"直击人心。"已矣"二字更是凄婉悲凉，将失的那个情爱中的知己的悲痛伤恨与至真之情从骨髓里剜出来，血淋淋地摊开，不免让人为之阵阵歔欷。

又如《浣溪沙》：

> 谁念西风独自凉，萧萧黄叶闭疏窗。沉思往事立残阳。

被酒莫惊春睡重，赌书消得泼茶香。当时只道是寻常。

一句"当时只道是寻常"被无数人引以为用，作追念之思。卢氏亡故后，纳兰性德的词风也由此转为凄切，无论是海棠秋风，还是中秋重阳，都勾起他对亡妻的追忆，遂此后，"悼亡之吟不少，知己之恨犹多。"

至于续弦官氏和妾颜氏，这两个女人几乎不曾入过纳兰性德的诗词，同为不通辞藻的女子，这二位相比于卢氏，未免辛酸。纳兰性德的感情大都给予了卢氏，给予了他的诗词，给予了他的江南朋友，所剩不多的，也似乎不肯为这两个女子拿舍出来。

不过谁也不知道在官氏和颜氏的心中，是辛酸亦或是甘之如饴……到底不是那人，所以谁也说不清楚，就像谁也说不清"纳兰心事"。

第一节　卢氏：当时只道是寻常

青衫湿遍，凭伊慰我，忍便相忘。半月前头扶病，剪刀声、犹在银釭。忆生来、小胆怯空房。到而今，独伴梨花影，冷冥冥、尽意凄凉。愿指魂兮识路，教寻梦也回廊。

咫尺玉钩斜路，一般消受，蔓草残阳。判把长眠滴

醒，和清泪、搅入椒浆。怕幽泉、还为我神伤。道书生
薄命宜将息，再休耽、怨粉愁香。料得重圆密誓，难禁
寸裂柔肠。

——纳兰性德《青衫湿遍·悼亡》

"青衫湿遍"，起首一句，低低吟来，已叫人心绪万千，
如鲠在喉。白居易《琵琶行》中有："座中泣下谁最多，江
州司马青衫湿"句，可知青衫湿的缘由，不过是泪满衣襟。
何事竟至青衫湿？最是相怀抵不过。而更是凄凉的，莫过于
那相思相怀之人已经不再。悼亡之作由此而生。

悼亡之作，一直是中国古典诗歌的重要题材，那些在活
着的时候无法倾诉的情爱，都承载了在了那一首首的悼亡之作
中。古代悼亡之作的源头，最早可以追溯到《诗经·邶风·
绿衣》："绿兮衣兮，绿衣黄里。心之忧矣，曷维其已！"发
乎心，表乎情，如玉天成，其情哀怨，其心悲愤。后来西晋
潘岳做《悼亡诗》三首，有"每一涉笔，淋漓倾注，宛转侧
折，旁写曲诉，刺刺不能自休"的评价，可见其用情至深。
潘岳之后，悼亡诗作就此成文专门追悼亡妻这一特定的主题，
而不指其他。

到唐代，有元稹《遣悲怀三首》"诚知此恨人人有，贫
贱夫妻百事哀"，更有《离思》"曾经沧海难为水，除却巫山
不是云"的钟情之句。到宋代，苏轼"十年生死两茫茫，不
思量，自难忘"则更见沧桑；贺铸《鹧鸪天》"空床卧听南

窗雨，谁复挑灯夜补衣?"亦是痛心疾首。元明两代不以诗词秀，到清代，于是出纳兰性德，得"北宋以来，一人而已"的赞誉。他的悼亡词，更是成文了诗词之作的主题，将那段刻骨的悲恸揉进词里行间，成就一部《饮水词》。

一句"半月前头扶病"，可知《青衫湿遍·悼亡》乃是作于卢氏亡故后半月，应该是纳兰性德的第一首悼亡词。一句"忍便相忘"将那种痛到想要用忘记的方式来止痛却又不忍忘记的凄惨心境婉转咏叹。回想起半月之前，虽是扶病，两人却依旧能够剪烛西窗，灯火下夜话，而今却独留一人，与萧条梨花相伴。"愿指魂兮识路"一句，大有《楚辞》中《招魂》"魂兮归来"的意味。愿为魂魄指路，叫她到我梦中的回廊处。

如今两人相隔生死，然而却又仿佛近在咫尺，两人一般无二地在残阳晚照的蔓草丛中体味那一抹荒凉。紧接着一个"判"字和一个"怕"字，将词人那种热泪入椒酒，能否打破那不醒的长眠的希望以及爱妻的魂魄醒来之后，依旧要为他伤神愁怨的那张惶恐表情交织，当知在词人心中，这样的一段情实是刻骨铭心，几尽花光浑身气力。又想到相见之时，爱妻定要说的那些让她保重万千的话，又是忍不住"寸裂柔肠"。

这一首词，情真切切，一言一句皆是血泪书就，读罢意难平，又是青衫湿遍。

周之琦《怀梦词》中有和此调者，题曰："道光乙丑余有骑省之戚，偶效纳兰容若为此，虽非宋贤遗谱，其音节有可述者。"故可知此调为纳兰之自度曲。

康熙十三年（1674 年），纳兰性德二十岁，正是男子及冠的年纪。及冠也就意味着成年，自此，纳兰性德有了"容若"的表字。同样的，及冠也就意味着可以成家立室。

此时，纳兰明珠正在兵部尚书任上，从一品官职，分管各地驻军的粮草。这样的家世，自然是一众适嫁女子家族的目标，然而明珠却选择了卢家的女儿。

叶舒崇《皇清纳腊室卢氏墓志铭》中对于这位卢家的女儿的身份做了介绍："夫人卢氏，奉天人，其先永平人也。毓瑞医间，形胜桃花之岛，溯源营室，家声孤竹之城。父兴祖，总督两广、兵部右侍郎、都察院右副都御史。"

卢氏，奉天人，他的父亲卢兴祖是镶白旗人，任过两广总督，又做过兵部右侍郎、都察院右副都御史等官职。表面看来，纳兰家和卢家都司军事，纳兰性德和卢氏这门婚事似乎是门当户对，然而卢氏的父亲卢兴祖早在康熙六年的时候便因诈贿案而被革任，当年便逝世了，那个时候，卢氏才十一岁，所以她应该是跟随着兄长长大的。

纳兰明珠之所以会选择卢氏做纳兰家的媳妇，后世一直存在两种说法，一是两家往日定的姻亲，明珠顾念旧情，然而从清史看来，卢兴祖与明珠其实并没有太大的牵连，这一说法似乎并不太能站得住脚，不过历史的真相终究很难考究，他们两家曾经相交过也未可知。二是卢氏的兄长的身份对明珠大有裨益，这个说法似乎更加切合一些。

卢氏以十八岁的年纪嫁给纳兰性德，叶舒崇作墓志铭时说她："生而婉娈，性本端庄。"由此可知这应该是一个温婉的女人。然而纵观整篇墓志铭，却不能找见有关于卢氏的事迹的描述，于是只能从纳兰性德的诗篇中去寻觅一二。

《通志堂集》卷五收有纳兰性德《艳歌》四首：

（其一）红烛迎人翠袖垂，相逢常在二更时。情深不向横陈尽，见面消魂去后思。

（其二）欢尽三更短梦休，一宵才得半风流。霜浓月落开帘去，暗触玎玲碧玉钩。

（其三）细语回延似属丝，月明书院可相思。墙头无限新开桂，不为儿家折一枝。

（其四）洛神风格丽娟肌，不是卢郎年少时。无限深情为郎尽，一身才易数篇诗。

这四首诗写于纳兰性德与卢氏成婚之际的蜜月生活，观这四首诗，可见纳兰性德对于这桩由父母之命定下的婚事十分满意，"洛神风格丽娟肌"一句，也可以窥知卢氏美貌。两人成亲那时，纳兰性德因为没能参加康熙十二年的那场殿试，后来又开始编撰《通志堂经解》，所以对于读书一事分外勤奋。于是作"相逢常在二更时""一宵才得半风流"之句，然而尽管读书刻苦，却也是"月明书院可相思"，分外想念。四首诗将新婚燕尔时候那种春宵苦短的感叹和惆怅以及爱怜之情充分展现。

后来纳兰性德又有《四时无题诗》十六首，记录了他与卢氏婚后某一年的生活状况，描绘出了一个如同梦里桃源般的超脱凡尘的画卷。

"一树红梅傍镜台，含英次第晓风催。深将锦幄重重护，为怕花残却怕开。（其一）"窗旁的妆镜旁边，美人描眉，窗外红梅怒绽，将整个屋子都重重包围起来，这样的景色，当真是世外桃源。美人心善，因为忧心花开之后会面临凋残所以便忧心这花开。这最后描写卢氏的一句，天真善良中带着一丝丝的愁绪，可见与纳兰性德确有相通。

"金鸭香轻护绮榠，春衫一色飐蜻蜓。偶因失睡娇无力，斜倚熏笼看画屏。（其二）"冬去春来，这首诗描绘了卢氏着一抹青衫，动时翩然如一只飞扬的蜻蜓，但偶尔也会因为春慵没有睡醒，慵懒地靠着熏笼赏看画屏的样子。

"手拈红丝凭绣床，曲阑亭午柳花香。十三时节春偏好，不似而今惹恨长。（其三）"由"柳花香"可知这已经到了春意浓厚的时节了，后句说"十三时节"，可以猜测到这里是将目前的时节划出了春的范围，于是才有"偏好春"的说法。这个时节里，平添忧愁和恼恨，所以女子拈着红色丝线靠着绣床，百无聊赖。

"青杏园林试越罗，映妆残月晓风和。春山自爱天然妙，虚费筠奁十斛螺。（其四）"春末夏初时节，青杏慢慢地变青，仿佛是在试穿漂亮的衣裙。残月还没有落下，晨风才刚刚拂起的时候，爱妻就开始起来梳妆打扮了，黛青的眉毛本来天生就很已经很美了，却偏偏还要装扮，为此竟然耗费了十斛妆粉。短短几句，便将一个极其爱美的女子的形象勾勒纸上，也可感受得到纳兰性德对卢氏这种小女儿爱美的举动的喜爱。

转眼夏日已到，槐树的绿荫已经穿过了屏风的遮挡，床上已经铺上了龙须草编织而成的凉爽的草席。夜里睡觉的时候总是喜欢把红窗打开一扇，以便让天上的那轮明月映进窗子里，陪伴他们入眠。这样的景致，便是这一首"绿槐阴转小阑干，八尺龙须玉簟寒。自把红窗开一扇，放他明月枕边看。（其五）"描绘的了。

"水榭同携唤莫愁，一天凉雨晚来收。戏将莲荷抛池里，种出花枝是并头。（其六）"下雨的天气总是容易惹人发愁，大概是因为纳兰性德不能去书院读书的缘故。这个时候，卢氏便唤他携手在水榭里游玩，玩得尽兴时，把莲子抛入池子里，开玩笑说来年说不定可以生出一支并蒂的莲花来呢！

第八首作："追凉池上晚偏宜，菱角鸡头散绿漪。偏是玉人怜雪藕，为他心里一丝丝。"即天气炎热的时候，最是凉爽莫过于晚间的碧池边儿上，心中那缕怎么样都磨灭不去的浓愁干脆就赋予琴音。玉人偏爱莲藕，只因为莲藕的中心是一丝一缕，而这一丝一缕，像极了情丝，绵延不断绝。这是一首写妻子思念自己的诗，"绿漪"是汉代司马相如的一张琴，在这首诗中用以指代"琴"，由此可知，卢氏应该是会弹琴的。

《四时无题诗》共有十六首，前八首多写两人相处时候的场景，而自第八首起，字里行间便满载相思之意，可知到了这时，两人间的感情越发深厚，有一种"一'时'不见，如隔三秋"的感觉。

从这几首无题诗中，虽不能窥得纳兰性德和卢氏相处的全貌，然而也已经可以大致的了解一些两人的生活情景，赏风吟月，无忧无虑，他们过的完全是人人艳羡的如梦中桃花源般的生活，不为世俗所愁所扰，偶尔的忧愁也只是因为片刻的相离而产生的相思。用如胶似漆这样的词来形容他们两人的这种爱情，大概最合适不过了。

纳兰性德和卢氏两个人有着十分相近的浪漫理念，这种浪漫情怀完全是由两人的家世背景所养成。纳兰性德出生以后，纳兰明珠的仕途一帆风顺，一步一步地直上青云，他作为家中长子且一直是独子（纳兰明珠的第二个孩子——纳兰揆叙是在纳兰性德与卢氏成亲后出生），自然备受瞩目。明珠对于这个孩子所有的关注都放在了他的学业和武艺上，对于生活上的供给，自然是最大限度的，所以养成了纳兰性德这种似是仙人入凡尘的浪漫主义气质。

而卢氏在她幼年时，父亲是两广总督，手握重权，这样的官家小姐，更是不知道忧愁了。后来卢兴祖因罪免职，没过多久便去世了，但此时卢氏的兄长们已经能够独当一面，她跟随兄长居住，自然也不可能亏待于她，所以卢氏几乎如同佛祖座前的一朵莲花一般，没有经历过任何颜色的侵染，不谙世事，于是圣洁非常。纳兰性德爱卢氏至深，大概也是因为卢氏的这种天然的真，也即是叶舒崇在她的墓志铭中所写的："真气天情"。

纳兰性德是一个理想主义者，偏偏他又遇上了卢氏这样的能够满足他理想的女子，让他得意有过三年最曼妙的生活。然而三年之后，他却要用尽一生的时间去祭奠怀念这三年的光景，继而有了词坛之上的一颗闪亮的星辰，却不知是他的幸运还是不幸。

康熙十六年（1677 年），四月，卢氏生子海亮。对于纳兰家族来说，这是一件极其高兴的喜事，因为卢氏所出，乃是纳兰家的孙子，今后，纳兰家的荣辱兴衰都会赋予在这个孩子的身上。对于纳兰性德来说，想必在当时也是极其高兴的，因为这个孩子是他与最爱的妻子所生的孩子，是他们爱情的延续。

纳兰性德的这一切的高兴都建立在爱妻完好无损的前提

之下，然而就是在热闹的气氛充斥着整个明珠府的时候，卢氏却因为生子之后染病。对于纳兰性德来说，卢氏的染病几乎可以击碎之前存在于他心中的所有喜悦。

卢氏终究还是没能熬得过去，那一年的五月三十日，这个如花般美丽的女子从纳兰性德的生命中消逝。

> 泪咽却无声，只向从前悔薄情。凭仗丹青重省识，盈盈，一片伤心画不成。
> 别语忒分明，午夜鹣鹣梦早醒。卿自早醒侬自梦，更更，泣尽风檐夜雨铃。
>
> ——《南乡子·为亡妇题照》

都说悲哀到了深处是流不下泪来的，即便是流下泪来了，也决计是哭不出声儿来，这首《南乡子·为亡妇题照》以一句"泪咽却无声"开头，可见当时悲戚。分明有泪，却连哭都哭不出声音来，心头无限悔恨，当初在一起的时候为什么没有好好的珍惜那一番情意，以至于如今只能对着一张丹青画像重新相聚。然而只要触及往日情意，便觉盈盈泪水模糊双眼，肝肠寸寸地断了也无法将那时刻印刻在脑中的容貌画成。

下阕回忆往日。离别时候，两人说过的话还声声在耳，好不容易在半夜睡着，做了个比翼双飞的美梦却没来由的早早就醒了。那时候，爱妻早早地醒来时他却还在睡梦之中，而今他早早地醒来时，身旁却无人。更深露重，凄凉的雨夜里，风吹过，屋檐下的铃铛发出清脆的声响，不觉大恸，又是泪满衣襟。

自此，纳兰性德"悼亡之吟不少，知己之恨尤深"。

卢氏逝去的同年七月，明珠从吏部尚书升为武英殿大学士，自这一刻起，明珠已身在青云之上，位极人臣。同年秋冬时节，自科举中进士以来一直未曾被启用的纳兰性德被选授三等侍卫，出入扈从。

纳兰性德的仕途之路的开启并没有让他从失去卢氏的这种悲痛中走出来，反而因为看到了官场的复杂之后越发地思念卢氏，怀念那段他们曾经有过的桃花源一般的不沾染任何污浊的日子。

> 瞬息浮生，薄命如斯，低徊怎忘？记绣榻闲时，并吹红雨，雕阑曲处，同倚斜阳。梦好难留，诗残莫续，赢得更深哭一场。遗容在，只灵飙一转，未许端详。
>
> 重寻碧落茫茫，料短发，朝来定有霜。便人间天上，尘缘未断，春花秋叶，触绪还伤。欲结绸缪，翻惊摇落，减尽萹衣昨日香。真无奈，倩声声邻笛，谱出回肠。
>
> ——《沁园春》

这首词前，纳兰性德还书有一段小序："丁巳重阳前三日，梦亡妇淡妆素服，执手哽咽。语多不复能。但临别有云：'衔恨愿为天上月，年年犹得向郎圆'。妇素未工诗，不知何以得此也。觉后感赋长调。"

卢氏不善工诗，在他的梦中却能够吟出一句"衔恨愿为天上月，年年犹得向郎圆"来，愿化为天上明月，年年岁岁与你在一起。这是卢氏对他的爱，何尝又不是他对卢氏的爱。只有爱到深处，才能在梦中成词。纳兰性德后来又有词《蝶恋花》："辛苦最怜天上月。一昔如环，昔昔都成玦。若似月轮终皎洁，不辞冰雪为卿热。"可惜"天上月"只一天"向郎圆"，其余时间，夜夜"成玦"，一腔愁绪，更与何人说？

　　尘满疏帘素带飘，真成暗度可怜宵。几回偷拭青衫泪，忽傍犀奁见翠翘。

　　惟有恨，转无聊。五更依旧落花朝。衰杨叶尽丝难尽，冷雨凄风打画桥。

　　——《于中好·十月初四夜风雨，其明日是亡妇生辰》

从这首《于中好》里可以知晓，卢氏的生辰是在十月初五。这首词作于卢氏亡故那年初四的晚上，在上首《沁园春》之后。作词的那晚，风雨大作，更勾起无限心事。

竹帘因为再也没有人撩起的缘故而沾满了灰尘，恍惚间瞥见了镜奁里还有爱妻曾经钟爱的翠翘头钗，这屋中的一切，都还有她的气息，只是人不再，难忍"偷拭青衫泪"。此刻，他心中只剩下了遗憾暗恨和百无聊赖，不觉又令人想起他的另一首词，《采桑子》——

　　　谁翻乐府凄凉曲？风也萧萧，雨也萧萧，瘦尽灯花
又一宵。

　　　不知何事萦怀抱，醒也无聊，醉也无聊，梦也何曾
到谢桥。

　　这一首《采桑子》与纳兰词的那种绮词艳语的风格有所
差异，通篇直意，却将那种人生无趣的百无聊赖发挥到了
极致。

　　乐府，是汉代兴起的掌管音律的机构，乐府诗由此而生，
魏晋六朝时期尤为昌盛。乐府诗中，多是凄凉饮恨的篇章，
如《有所思》"从今以往，勿复相思，相思与君绝！"《华山
畿》"君既为侬死，独生为谁施。"《行行复行行》"思君令
人老，岁月忽已晚。"《留妻别》"生当复来归，死当长相
思。"……读起来都有一种或其意昭昭或暗掩其中的苍凉。

　　"风也萧萧，雨也萧萧"，真是无一处不无聊。一个
"瘦"字，读之难掩泣泪，瘦了的何止是那灯花，何止是那
看似度过的一宵，那分明便是"为伊消得人憔悴"，分明便
是"思君如流水，何有穷已时。"

　　于是有《金缕曲·亡妇忌日有感》：

　　　此恨何时已。滴空阶、寒更雨歇，葬花天气。三载
悠悠魂梦杳，是梦久应醒矣。料也觉、人间无味。不及
夜台尘土隔，冷清清、一片埋愁地。钗钿约，竟抛弃。

　　　重泉若有双鱼寄。好知他、年来苦乐，与谁相倚。
我自中宵成转侧，忍听湘弦重理。待结个、他生知已。
还怕两人俱薄命，再缘悭、剩月零风里。清泪尽，纸
灰起。

此恨何时已？纳兰性德这一生都没能停止这份遗憾和悲
痛。卢氏在最美好的年纪里嫁给了纳兰性德，又在最美好的
年纪里从这世上消失，早一步，倘若卢氏在成亲之前便懂得
了人世纷争，晚一步，倘若他们一直相处到纳兰性德入了仕
途，那么都不会有纳兰性德这一生的怀念和永不断绝的悼亡
诗作了。

　　在命运的无常变换中，她刚刚好的，用一种天真为纳兰
性德编织了一场理想的梦境。在这个梦里边，那些属于人世
间的生老病死、爱别离、怨憎会、求不得苦和五阴炽盛通通
都被摒弃在外。他们像是生存在一个由自己打造在世界中，
所有的情感都是由他们两人产生。

　　这是一种理想中的爱。

　　这样的爱情，常常不存在于人间。常常是有了此，却缺
了彼，可是偏偏，纳兰性德遇上了卢氏，卢氏碰到了纳兰性
德，于是有了这种理想中的爱。

　　这理想的爱有多么幸福，在卢氏消逝之后，纳兰性德便
会有多么痛苦。在纳兰性德为自己构建的世界里，或许卢氏

并不是这个世界的唯一，在这个世界中，还有更多的符合他理想中的东西。然而这个理想的世界被打碎得太快了，在纳兰性德还没有寻到其他东西的时候，这个理想就已经被现实取代，所以曾经唯一拥有的那份情感，便成了他往昔的所有。于是卢氏成了纳兰性德这一生中，唯一令他感觉到过去是存在过的，活过的，嗅到过彼此呼吸的女人，成了他最爱的那个女人。

这世间最痛苦的事情其实往往不是"求不得"，而是明明已经求得，却又被夺走，被告知世界原本不是这个模样，你原本所想的，所期盼的其实都是不存在的。

人在天道之下，何其微弱，终究只能饮恨终生，叹一声："当时寻常"。

于是有了纳兰性德《浣溪沙》：

> 谁念西风独自凉？萧萧黄叶闭疏窗。沉思往事立残阳。
> 被酒莫惊春睡重，赌书消得泼茶香。当时只道是寻常。

一句"当时只道是寻常"，似乎是将心头所有的遗憾都抒发了出来。从前两人一起春睡后醒来，从前两人的那些赌书泼茶的日夜，那些寻常日子，都成了"当时"。这"当时"二字，当真是"一种凄忱处，令人不能卒读。"

卢氏去世的八年后，纳兰性德因寒疾所累而逝世，时间恰好也是五月三十日。或许，历史总是会出现这样的"巧合"，给一份不寿的深情添镀上一层温柔的颜色，好叫后人聊以慰藉。

第二节　官氏：人道多情情转薄

鸳瓦已新霜，欲寄寒衣转自伤。见说征夫容易瘦，端相。梦里回时仔细量。

支枕怯空房，且拭清砧就月光。已是深秋兼独夜，凄凉。月到西南更断肠。

——《南乡子·捣衣》

卢氏故去后，纳兰性德只觉命运无聊，似乎对这时间所有的事情都是去了热爱和关注，他开始从佛经中寻找可以聊以慰藉的东西，于是开始自号楞伽山人。这个"号"除了与佛法中《楞伽经》有所关联外，也是因为李贺和白居易的诗而生。李贺《赠陈商》诗："长安有男儿，二十心已朽。楞伽堆案前，楚辞系肘后。"白居易《见元九悼亡诗因此为寄》云："夜泪暗销明月幌，春肠遥断牡丹庭。人间此病治无药，唯有楞伽四卷经。"

纳兰性德越是在佛法中被得到涤，也就越是怀念卢氏，卢氏就如同他手中的经书一般，带着一种与凡世不一样的气息。他作为纳兰家的长子，明珠自然不会容他一直这样萧索下去，也绝不希望他就此沉醉已故的卢氏的世界里，而忘记了他身上还背负着纳兰一家的荣辱。于是纳兰明珠又给儿子挑选了一个妻子，一个既可以在仕途上让他更加顺畅的，又可以在情感上慰藉儿子的妻子——官氏。

官氏夫人，在纳兰性德的生命中似乎举重若轻，她没能如卢氏一样走进丈夫的心里，也没能像纳兰性德的姜室颜氏那样，为纳兰家生下了长子，更没有像之后的沈宛那般，在生命的尽头，为纳兰性德奏了一曲红尘知己。官氏，几乎不曾在纳兰性德的历史上留下什么，就连京郊皂角屯——纳兰家的祖茔里都不曾埋葬过这位正妻。官氏的身上，覆盖着一层神秘的色彩，只是在偶尔一隅，看到了关于她存在过痕迹。

徐乾学在作《纳兰君墓志铭》时写："继室官氏，某官某之女。"韩菼在《纳兰君神道碑铭》中作："继官氏，封淑人，某官某之女。"姜宸英《纳腊君墓表》中也云："娶卢氏，继官氏。"三人均为表明这位官氏夫人究竟是谁，家世如何，"某官某"又究竟是谁，不禁让人如坠云间，弄不明白。一直到文革后期，皂角屯纳兰家墓地现世，才从纳兰性德墓志拓文和《纳兰明珠家墓志铭》手抄本上得知官氏的身份——光禄大夫少保一等公朴尔普女。

《八旗通志》初集《职官志》十二《八旗诰敕》所载："公、侯、伯及一品，俱光禄大夫；妻，俱一品夫人……二品，资政大夫；妻，夫人……三品，通议大夫；妻，淑人。"

因为纳兰性德逝世前任一等侍卫，正三品官阶，所以纳兰性德被封赠为"通议大夫"。而官氏的父亲却是"光禄大夫"，也即是"公、侯、伯及一品"这样的官阶。

朴尔普，瓜尔佳·图赖之子。努尔哈赤起兵争雄不久，图赖的祖父、苏完部长索尔果即率部属五百户归顺，成为努尔哈赤依赖的重要力量。图赖的父亲费英东勇武善战且忠直敢言，是辅佐努尔哈赤处理政事的股肱大臣，被顺治帝晋爵三等公。清军入关以后，图赖对战李自成，立军功，便由世袭的三等功被晋爵为一等公。图赖死后，辉塞继承其一等公爵位，辉塞死后，一等功的爵位便由他的弟弟朴尔普继承了，也就是官氏的父亲。

官氏本不姓"官"，她出自瓜尔佳氏，是满族八大姓氏之一，家世显赫。"官氏"的由来乃是因为瓜尔佳氏又译作官尔佳氏，所以便简称为"官氏"。和卢氏不同，卢氏是旗籍汉人，官氏却是正统的满族女儿。

纳兰性德和官氏的这一场婚姻，从本质上讲，应该属于"政治联姻"。朴尔普先后担任过内大臣和领侍卫内大臣，是纳兰性德的顶头上司，对于丰神俊秀又才情出众的纳兰性德十分看重，纳兰明珠时任武英殿大学士，朴尔普自然不会错过结交权贵的机会。

对于纳兰明珠来说，能与瓜尔佳联姻，对于自己的权利更有裨益。这样的一桩婚事，自然是两个家族都欣然缔结的。

于是官氏进了明珠府，成了纳兰性德的继室。

对于纳兰性德来说，这个妻子并不是他想要的。一来，他将自己的爱都给了卢氏，卢氏在他心中是唯一的，没有人能够取代的爱妻；二来，这桩婚姻是利益产物，他自己不过是父亲手中的一枚棋子，一枚可以让他在朝堂上更加风生水起的棋子，这样的感知令他感到害怕和不甘。对于此，他自然不能在父亲的面前表露自己的不满，于是这不满也就移情在了官氏的身上。

官氏这个角色是带着悲剧色彩的。她一个一等公爵家的大小姐，不仅嫁给人做了继室，并且夫君还不喜欢自己。尽管公婆会因着她的身份善待于她，但一个女子终究是盼着丈夫的疼惜的，然而纳兰性德从来也没有给过她这份疼惜。她只是看着他一次次的随扈出巡，即使在家的时候，也是怀恋亡妻居多，她就像是他生命中的一个不自觉的过客，偏偏占了他妻子的名头。

> 一种蛾眉，下弦不似初弦好。庾郎未老，何事伤心早？
> 素壁斜辉，竹影横窗扫。空房悄，乌啼欲晓，又下西楼了。
>
> ——《点绛唇》

纳兰性德不喜官氏，这在纳兰性德的研究中几乎已经达成了一个共识。而这首怀念亡妻的《点绛唇》也被指为纳兰性德不喜官氏的一种暗示，正是"下弦不似初弦好"。官氏出生于王公之家，自幼娇生惯养，任性摆谱儿，很难和纳兰性德相敬如宾、感情融洽。然而在纳兰性德的诗篇中，却有一些诗篇的创作令人不解，如《南乡子·捣衣》：

> 鸳瓦已新霜，欲寄寒衣转自伤。见说征夫容易瘦，端相。梦里回时仔细量。
> 支枕怯空房，且拭清砧就月光。已是深秋兼独夜，凄凉。月到西南更断肠。

纳兰性德作这首词时，应当是远离京城和亲人，随扈出塞，他借助女子的口吻，诉说着对在外征战的丈夫的思念之情。这个时候，卢氏亡故，他也还没有认识江南的沈宛，所以这首词中的女子，极有可能是写他现在的妻子官氏。如果是这样的话，那么纳兰不喜官氏则不能够成立。只是词人的弊端总是多情，这阕词也极有可能只是纳兰性德伤怀之作，或者是借那女子，思念亡妇也未可知。

官氏和纳兰性德之间终究是少了几分缘分。如果说卢氏是在对的时间里遇上了对的人，那么官氏则完全相反。纳兰性德这一生极重诗词文藻，与他相交的朋友几乎都获得过他的诗词，然而官氏却没有，从这一处上看，他们两人又似乎是不和睦的。

官氏嫁给纳兰性德的时间应该是在康熙十九年（1680年）或稍后些许。这个时候纳兰性德二十六岁，一直到他三十一岁逝世，与官氏的这一段婚姻仅仅只六年，然后便是劳燕分飞的结局，官氏最终没有为纳兰性德守节，她离开了纳兰家。

没有什么资料能够显示官氏离开了纳兰家，只是徐乾学作《纳兰君墓志铭》，最初刻在石碑上的铭文中还可以得见"光禄大夫少保一等公朴尔普女"的字样，而到了出版《通志堂集》的时候，就将这种字样给删除了，以"某官某之女"代替，可见是专门避开了官氏。其余众人的悼文亦是如此。如果官氏在纳兰性德逝世后留在纳兰家为其守节，那么就断然不可能特意地避讳。后来乾隆帝因纳兰性德的儿子富格的功勋，追赠纳兰性德夫人卢氏、颜氏并为一品夫人。卢氏都有诰赠为一品夫人，同为纳兰性德正妻的官氏却不见其名，这显然是说有违"礼制"。然而如果官氏在纳兰性德逝世后离开了纳兰家，按照封建礼制，女人在丈夫离世后如若选择"大归"，即回娘家，那么自她离去那时，便会被夫家除名，从此不留名于族谱之上。

官氏在后来被徐乾学等人避而不谈，在乾隆帝的追封中又不见名，那么基本上已是确切她是在纳兰性德逝世后离开了纳兰家。这里边的缘由，想来不过尔尔：一来，因为纳兰性德对她的薄情；二来，这六年里，她不曾为纳兰性德生下男孩子，没有儿子的寡妇，日子一定不会好过；三来，大概便是属于她自身的一个对于自己身世的优越感，认为即便嫁过人，再要出嫁也不是什么难事。

官氏后来有没有再出嫁，这一点不得而知。她与纳兰性德的这一场婚姻，起于两个家族的利益，过程中没有体会过为人妻子的快乐，最后亦没能以纳兰性德的妻子的名义存在，当真是世事浮华，不过虚晃而过。

对于纳兰性德来说，或许也曾经想过与官氏相敬如宾，然而终究因为对卢氏付予了太多的情感，以至于再没有多余的情感拿去给别人了，所谓"人到情多情转薄"。

第三节　颜氏：流水落花春去也

心灰尽、有发未全僧。风雨消磨生死别，似曾相识只孤檠，情在不能醒。

摇落后，清吹那堪听。淅沥暗飘金井叶，乍闻风定又钟声，薄福荐倾城。

——纳兰性德《忆江南》

纳兰性德一直以一个"情"字贯穿诗词，所以成就诸多入人心底的篇章。卢氏故后，他唯有从佛经中去挽留生命中的一丝圣洁，回忆那段曾经拥有过的最是纯洁的爱情。然而尽管他对卢氏一生守护，视为唯一的爱，这段爱情为很多人颂扬，他也仍旧没能跳出封建妻妾制度，做个情圣。在他缅怀着那段感情，叹息着"心灰尽、有发未全僧"的时候，他的背后，也有一个怀着这样心境的女子伫立，只是她不善诗词，又身份低微，做不出宽慰他的举措，唯有照顾好他的孩子，守着自己的本分，不为他再填烦忧。

乾隆年间的一道赐予正红旗满洲副都统、提督直隶总兵都督同知纳兰瞻岱的诰封，掘出了纳兰性德生命中的另一位女人——颜氏。

与挚爱的卢氏、家世越的官氏、才华横溢的沈宛比较起来，这位颜氏夫人，在纳兰家几乎处于一个卑微到可以被忽略的地位，她是纳兰性德的妾室。

在封建社会，妻妾之间有着极其严苛的制度。妾有多种称呼，"侧室"、"小妻"、"如夫人"等，虽然妻与妾同时侍奉丈夫、治内管家以及生儿育女，但除却帝王皇室之家的妃妾稍有地位外，其他官宦之家的妾几乎等同于婢。

纳妾不能等同于娶妻，女子与男子家族之间订立的不是"婚约"，而是"契约"，这实际上是一种买卖关系，也由此注定了妾在封建家庭中的低贱地位。妾室是被排除在家庭之外的存在，不能参加家族的祭祀，所生的孩子更是不能以母亲自居，只能称为庶母。

颜氏是纳兰性德的妾室，这样的身份导致她连在丈夫故去后，上墓志铭的机会都没有。徐乾学和韩菼所撰写的墓志铭上都只记载着纳兰性德的两位正妻，卢氏和官氏。姜宸英狂狷，作有"其中外世系，详载阁学所撰墓志铭及顾舍人华峰所次行述，副室以某氏"这样的言论。然而这位副室是谁却也没有记录她的姓氏，更何况以姜宸英的江南士子的风格，这位副室极其有可能指的是江南的才女沈宛，毕竟她是顾贞观从江南带来的，总要比一个生在豪门中的妾室的名字要入得耳一些。

乾隆年间，纳兰瞻岱由"拜唐阿历升"，成为纳兰性德的孙辈中成就最大的一位。"拜唐阿"是清廷培养旗籍官吏的一种特殊制度，它不属于官吏，却让被挑选为拜唐阿的人有升官的资格。这是一种赋予八旗贵族子弟的一种特殊际遇。八旗制度规定：旗人无论内外官员或世爵，也无论满洲或蒙古，均须将其年满十八岁的子孙呈报本旗，造册汇报军机处，以备挑选为拜唐阿。拜唐阿入宫廷效臣仆之劳，期满后即授予官职或在宫廷之中当差。瞻岱便是通过拜唐阿一步一步地踏入官场，从正黄旗满洲佐领到正黄旗蒙古副都统，最后官至提督直隶总兵都督同知，从一品官职，按制受诰封并被追赠两代。于是瞻岱的父亲富格以及祖父性德同时接受追赠，无禄早世的富格由此重修墓志铭，有了康雍乾三朝元老赵殿最为其作《富格神道碑文》。

> ……相国有子三：长即公考讳成德后改性德，中康熙癸丑进士，通议大夫一等侍卫，以孙贵，今诰赠光禄大夫副都统、又晋赠光禄大夫提督直隶总兵官都督同知，学有师承，为海内宗仰而入侍殿廷，出骖羽骑，一以敬慎，勤密自恃，圣祖仁皇帝眷注方属，寻以疾卒。夫人卢氏、颜氏，并诰赠一品夫人。公为颜氏太夫人所出，

生而颖异，笃好图史，至今积书岩中，牙签插架，缃帙整如。……

颜氏夫人作为富格的生母，瞻岱的祖母，也由此在历史上落下一笔与卢氏并列为一品夫人的赠誉，揭开她不为人知的一生辛苦。

如果说卢氏受尽丈夫的爱怜却早早亡故是遗憾，官氏未曾得到过丈夫的爱情而离开纳兰家是果敢和任性，那么对于颜氏来说，她只剩下了哀婉。如同纳兰性德的词，每一句都刻入了凄楚和苦厄，她的一生，每走一步，应该都泛着这种苍白的颜色。

颜氏应该是在卢氏之前就进入明珠府的。在《富格神道碑文》中说："十岁失所恃，持丧动中礼则擗踊如成人。相国既伤侍卫公之早逝而复虑公之孤露也，特爱怜之。"纳兰性德去世时为康熙二十四年（1685 年），此时纳兰性德三十一岁，不过按照实岁算，纳兰性德其实要到这一年的腊月十二日，也就是农历十二月十二日也过他三十一岁的生日。按照这一点，那么富格的出生就应该是在纳兰性德二十岁前后的那年，加上怀胎十月可以推测，颜氏在纳兰性德十九岁的时候就应该怀有身孕，而卢氏是在纳兰性德二十岁的时候才与纳兰性德成亲，进入明珠府的。

对于纳兰性德来说，颜氏或许只是妾的存在，比起府中的奴仆或许那么点儿的不一样，但终究没能在他的心上留下些许印记。若非如此，至少能够在他的诗词中间或者是传言之间寻到那么一两丝的痕迹。他们之间，唯一存在过的不一样大概就是颜氏为他生下了一个孩子——富格，而后来，富格生下了孩子瞻岱，这才留下了一抹颜氏存在的痕迹。

没有人能够知晓颜氏在纳兰家是怎样生存的，她与纳兰性德时怎样相处的，唯一能够感知的就是她定然是一个封建时代里的贤惠的女人。在封建时代，贤惠一直是衡量妇女德行的一块标尺，所以韦丛离世后依旧能入元稹的梦，于是有了元稹《江陵三梦》：

> ……
>
> 分张碎针线，襁叠故屏帏。抚稚再三嘱，泪珠千万垂。
>
> 嘱云唯此女，自叹总无儿。尚念娇且呆，未禁寒与饥。
>
> 君复不憘事，奉身犹脱遗。况有官缚束，安能长顾私。
>
> 他人生间别，婢仆多谩欺。君在或有托，出门当付谁。
>
> ……

有了他的"除却巫山不是云"，他怀念韦丛的贤惠，怀念她为他缝制衣衫以及出门前的叮嘱。然而纳兰性德不是元稹，他的家世和这些年的成长环境让他有了自己的理想中的世界，在这个理想的世界中，只能容纳像卢氏那样纯真干净得如同一张白纸的女子，而颜氏，太过贤惠。

对于正妻来说，贤惠就是持家有道，心地善良，通情达理，懂得相夫教子并且能够孝敬父母，而对于一个妾室来说，贤惠就是在这所有正妻需要拥有的德行上再加上一条"守本分"。所谓"本分"，无外乎妻妾之间的主奴之分，妾不能争宠，不可对丈夫的正妻不敬，不可因受到不公的待遇而心怀怨恨……

颜氏应该是很好地守着本分的，所以卢氏面对着这个先于自己生孩子的女子才会表现得这样的平淡，只管与丈夫肆意玩耍嬉闹。但是已经站在尘世之外的纳兰性德所不喜欢的，就正好是这份世俗。

卢氏亡故到官氏未进府的三年间，应该算得上是颜氏入了明珠府后最轻松自由的时间段，这个时候，她自己的孩子富格还有卢氏的孩子海亮都应该是经她手抚养的。对于这个生下了纳兰府长子，抚养着嫡孙的妾，从道义上讲，应该足以得到纳兰明珠和纳兰性德的尊重。尽管这个时候的纳兰性德因为一直沉浸在失去爱妻的痛苦继而沉迷于佛法之中，但颜氏对于他来说，或许也还是有不一样了。毕竟颜氏的存在为他分担了作为父亲的责任，给了他一个可以单纯地怀念那段逝去的爱情和伤感这浑浑浊世的空间。

官氏进府后，一直没有生下男丁，颜氏在实质上被称为母亲的资格又被剥夺，官氏成了两个孩子的嫡母，但颜氏这几年的付出对于两个孩子还有明珠来说，地位毕竟还是有些不同，加上纳兰性德并不宠爱她，所以应该不会引起正妻的过分嫉妒，也能安稳度日。

颜氏所为的，大概就是这样的一份安宁吧。只是这份安宁并没有维系太久，康熙二十四年，她所依仗的丈夫逝世了。丈夫离世对于官氏来说都犹如晴天霹雳，对于颜氏来说则更是如同五雷轰顶。她是一个妾室，并不能像正妻一样得到人的尊敬，甚至如果家里关系复杂，她还极有可能被排斥，这样的生活对于女子来说，实在太过心酸。

不过好在，纳兰家一直和睦，并且纳兰性德离世的时候，纳兰明珠的次子揆叙也才十一岁，和富格一样的年纪。官氏的离开更是为颜氏赢得了一丝空间，此后，纳兰性德一脉的妻妾中，唯有颜氏可以占据一席之地了。

海亮虽然是明珠府的嫡子嫡孙，然而纳兰性德去世后整个纳兰府的后继之人就变成了纳兰揆叙，对于纳兰性德这一脉，是不是嫡子其实也显得没什么重要了，再加上或许是因为卢氏是因为生子后染病，所以纳兰性德对于这个孩子可能会不甚欢喜，而富格又早慧，以孙代子孝敬明珠，所以明珠对富格要比对海亮在情感上更加怜惜几分。这正是富格的碑文上所说的："相国既伤侍卫公之早逝而复虑公之孤露也，特爱怜之。公能曲体先志，以孙代子，居尝感深木风，虽悲不自胜而勉强抑制，惟恐伤相国心。"

颜氏苦节持家，虽比较艰辛，但富格早年闭门读书，虽"初未出干外事，而峥嵘头角、忠诚报国之忧，早已名动帝礼廷"，没过多久就被选为帝王身边的近卫。富格为人谦慎，"趋走虔谨，悉禀侍卫公家法"，后来更是娶了觉罗氏家族的女儿为妻，只是大概是因为富格跟他父亲太过相似，慧极必伤，"仅逾弱冠竟以一疾长逝"，康熙三十七年（1700 年）春正月，富格去世。那一年，富格才二十六岁，仅留下了才将将出世六个月的孩子瞻岱。

历史没有记录这个时候的颜氏究竟还有没有在世，倘若还在……她的丈夫丈夫早逝，如今她的儿子也是在生命最灿烂、步入仕途最好的时候离世……那将是一种怎样的凄怆？

颜氏这一生，如同所有封建时代的妾一般，未曾得到过丈夫的爱，不能登大雅之堂，摆放在人前，就连丈夫离世以后落个名字的机会都没有，哪怕她为他们的家族诞下过一个灵慧的孩儿。颜氏，应该是纳兰性德的女人当中最为凄苦的一个吧！若非孙子的大作为，恐怕就此消亡于风沙之中，历史，何曾与她留下一丝一毫？

封建女子，何其悲哀。

第四卷

知　己

岂曰无衣，与子同袍

　　曾几何时，听闻"高山流水遇知音"一句，知晓了俞伯牙和钟子期两个人。

　　《列子·汤问》云："有传说伯牙善鼓琴，钟子期善听。伯牙鼓琴志在高山，钟子期曰：'善哉，峨峨兮若泰山。'志在流水，钟子期曰：'善哉，洋洋兮若江河。'伯牙所念，钟子期必得之。"

　　但凡是高山，总期盼着什么时候能遇见流水相和，能得一知心之人，共投雅趣。高山流水的故事到了最后，钟子期死，伯牙谓世再无知音，乃破琴绝弦，终身不复鼓。

人生得一知己足以，斯世当以同怀视之。古有"士为知己者死"，纳兰性德这一生，一直在追求"知己"一人，能读懂他的词的知己，能与他赌书泼茶的知己，能陪伴他度过余生的知己……

康熙十年（1671 年），清廷政局依旧紧张，康熙帝东巡，除告祭祖先、拜谒陵寝外，还在盛京作下了防御罗刹的军事部署；这一年，吴三桂等三藩自为政令，形成割据势力。清廷每岁负担三藩军饷二千余万，矛盾日益尖锐；这一年，明珠由左都御史调为兵部尚书……

在此山雨欲来疾风满楼的时候，在京师却上演了一桩词坛盛事——秋水轩唱和。时词人周在浚下榻京城孙承泽的别墅秋水轩，由于周在浚夙承家学，淹通史传，尝作金陵百咏及竹枝词，盛行于时，所以一时引起一种在京文人的拜访。正是"一时名公贤士无日不来，相与饮酒啸咏为乐"，当时的景象必定是颇为壮观。

友人曹尔堪"见壁间酬唱之诗，云霞蒸蔚"，于是在旁边也写下了一阕《金缕曲》，这样的举动不免引起了其他友人的注意，龚鼎孳、纪映钟、徐倬等词人纷纷加入唱和，赋"剪"字韵《金缕曲》。

这一场盛会一直持续到了年末时候，接连举行了多次唱和，最终由周在浚集结了其中 26 位词人的 176 首词，编撰为二十六卷《秋水轩唱和词》。

当时，十七岁的纳兰性德亦参与了这场文坛盛会，并赋有一首《金缕曲》：

> 疏影临书卷。带霜华、高高下下，粉脂都遣。别是幽情嫌妩媚，红烛啼痕休泫。趁皓月、光浮冰茧。恰与花神供写照，任泼来、淡墨无深浅。持素障，夜中展。
>
> 残缸掩过看逾显。相对处、芙蓉玉绽，鹤翎银扁。但得白衣时慰藉，一任浮云苍犬。尘土隔、软红偷免。帘幌西风人不寐，恁清光、肯惜鹴裘典。休便把，落英翦。

纳兰性德的才名在此时已经有所显露，且已露出词调风格。在这之前，纳兰性德的朋友大多为与之家世相当的旗人，如在他入太学所结识的后来结为异性昆弟的张纯修，以及《红楼梦》的先祖曹寅。自这一年起，纳兰性德就有意结交江南士子。

十九岁的那场寒疾虽然导致他不能荣登金殿玉阶，然而却是祸福相依，在世人为之惋惜哀叹的时候，他却静下心来，潜心提升自己在文学上的造诣。不仅编撰了《通志堂经解》，多篇诗词作品流传于世，名满天下，更让他值得欢欣的是，在这样的时刻，竟然得到了一群知己。徐乾学在为其撰写墓志铭时说："君所交游，皆一时俊逸，于世所称落落寡合者，若无锡严绳荪、顾贞观、秦松龄、宜兴陈维崧、慈溪姜宸英，尤所契厚……"此外还有陈其年、秦松龄、朱彝尊、高士奇等人。

这几个人，都是出自江南。纳兰性德常与他们在渌水亭集会，渌水亭俨然成为纳兰性德会友撰文之所，众人时常郊游，兴到浓处便要赋诗，朱彝尊就在其《曝书亭集》中记载了一桩几人郊游的乐事——《浣溪沙·郊游联句》：

> 出都寻春春已阑，（陈其年）
> 东风吹面不成寒，（秦松龄）
> 青村几曲到西山。（严绳荪）
> 并马未须愁路远，（姜宸英）
> 看花且莫放杯闲，（朱竹垞）
> 人生别易会长难。（成容若）

所谓联句，即是由两人或多人共作一诗，联结成篇。这是古代文人交游的一种文字游戏，多于饮酒时助兴用。这首《浣溪沙·郊游联句》由六人写成，从中可窥得友谊一二。

纳兰性德择友甚严，不妄与人交。韩菼在为其撰写《神道碑铭》时就有言："身在高门广厦，常有山泽鱼鸟之思。达官贵人相接如平常，而结分义输情愫率单寒羁孤伶俜困郁守志不肯悦俗之士。"从这段述评中，可见其交友之心。

他的每一份结交几乎都是发自肺腑，肝胆相照，全然不仰仗自己卓越的家世和芥蒂满汉之间复杂的关系。相反，他利用自己的家世，在朋友落难之时仗义相助，与顾贞观一起相救吴兆骞更是成为当时江南文人中的一段佳话。顾贞观就曾哀叹："吾哥去……海内之文人才子，或幸而遇或不遇而失路无门者，又何以得相援而相煦也？"可见其心。

真情如顾贞观，猖狂如姜宸英，淡薄如严绳孙，纳兰性德与他的这些友人在一次次的交集中迸发出一首首感人肺腑的诗词，当时光老去，后世人也唯有从其中去探索那几段满汉交厚的友谊。

第一节　亦师亦友徐乾学

　　绿叶成阴春尽也，守宫偏护星星。留将颜色慰多情。分明千点泪，贮作玉壶冰。

　　独卧文园方病渴，强拈红豆酬卿。感卿珍重报流莺。惜花须自爱，休只为花疼。

　　　　　　　　——纳兰性德《临江仙·谢饷樱桃》

纳兰性德由一个马背上的满人得以最终成为诗书里的一滴墨，这与他一生之中的几位老师是分不开的。纳兰性德的第一位老师应该算是他的父亲明珠。

明珠好汉学，也是清廷里少有的倡导汉文学并且一直以来为之沉醉的少数人之一，满人入关，虽以武力占领了汉人的皇宫，然而汉族流传千年的文化却是无论如何也无法被攻陷的，甚至满清必须在汉文化中生存。

纳兰明珠极早便知晓了这一点，所以对于儿子的教育，从小便培养他的汉族文化功底。他给儿子请了丁腹松启蒙，待到稍长些时候，又请了康熙六年丁未科缪彤榜进士第三人，"探花"董纳教授汉学，纳兰性德的学业自此得以打进，之后入太学国子监，才得以见到徐乾学，拜为老师。

徐乾学，字原一，号健庵，江苏昆山人。清代大学者，是明末清初杰出思想家顾炎武的外甥。康熙九年（1670 年）进士第三，即探花，授编修，先后担任日讲起居注官、《明史》总裁官、侍讲学士、内阁学士，康熙二十六年（1687 年），升左都御史、刑部尚书。曾主持编修《明史》、《大清一统志》、《读礼通考》等书籍，著《憺园文集》三十六卷。家有藏书楼"传是楼"，乃中国藏书史上著名的藏书楼。其弟徐元文于顺治十六年（1659 年）中状元，弟徐秉义也于康熙十二年（1673 年）得中"探花"，一门三人皆是官贵文名，被赠誉"昆山三徐"，倍受天下士子艳羡。

徐乾学第一次听到纳兰性德的名字就是在他的弟弟徐元文那里，这从他之后所作的通议大夫一等侍卫进士纳兰君墓志铭》中可以看出："年十七补诸生，贡入太学。余弟立斋为祭酒，深器重之，谓余曰：司马公贤子非常人也。"彼时纳兰明珠任兵部尚书，别称为大司马，所以称纳兰性德作司马公贤子。

纳兰性德入太学作贡生的时候，担任国子监祭酒的正好是徐元文。由于在此之前纳兰性德已经师从了董纳等人，在文学上已经有了极其成熟的造诣，常年与经书作伴而养成的闲雅气质，加上他即使不愿意仰仗但确确实实地摆在那里的家世，在一众学子中，自然尤为耀眼，备受徐元文器重，也就顺势向自己的兄长徐乾学引荐了这个得意门生。

徐乾学与纳兰性德真正地有所交集是在康熙十一年（1672 年），举顺天乡试，蔡启樽、徐乾学主司。在这一场小试牛刀里，纳兰性德顺利通过，成了科考举子。

《通礼》有云：顺天乡试揭晓翼日，燕主考、同考、执事各民及乡贡士于顺天府，曰鹿鸣燕，以府尹主席。"古代科举制度自唐代以来，考生乡试与殿试结束后均要举行宴会以示嘉奖、饯行等，因文武两科有所差异，故文科宴为鹿鸣宴和琼林宴，武科宴为鹰扬宴和会武宴。"琼林宴"是为新科进士举行的宴会。起于宋代，后一度改为闻喜宴，元、明、清三代称为"恩荣宴"。"鹿鸣宴"则是为新科举子而设的宴会。起于唐代，因为宴会上要唱《诗经·小雅·鹿鸣》而起名，从唐至明清一直相沿。按照旧例，纳兰性德自然是要参加这场考生云集，座师在堂的京兆府鹿鸣宴的。

这应该是徐乾学除了在考场的那次之后，第一次正式地关注纳兰性德。纳兰性德和一众举人一样，着一青袍，于堂下行了拜师礼，举止贤雅。三日后，纳兰性德到徐乾学府邸拜访，期间谈及经史源委和文体正变，不禁令徐乾学大为惊讶，认为他的学识竟是"老师宿儒亦有所不及"。

纳兰性德会选择去拜访徐乾学，其中缘由有很大一部分其实是因为一种礼节，徐乾学既然主司顺天乡试，那便是所有举子的老师，学生去拜见老师，自然是不可废的。然而当纳兰性德拜见完这位老师后，看到了徐乾学家的藏书，顿时心中无限激动，生出无限仰慕之情，由此，纳兰性德算是正式拜入了徐乾学门下。

纳兰性德在《上座主徐健庵先生书》中写徐乾学是"学术、文章、道德罕有能兼之者，得其一已可以为师……端拜堂下，仰瞻风采，心神肃然……入而告于亲曰：吾幸得师也！即梦寝之间，欣欣私喜曰：吾真得师矣！"

所谓水满则溢、致盈则亏，事物到了极处必然会向着与原本的轨迹相反的方向发展而去，所谓满月之后必是弦弓。纳兰性德在十九岁之前几乎是没有经历过什么波折，父亲脚踏青云，一路高升，生活环境也是越来越优越，从家中西席老师处所得日益丰厚，学业大成，又进入了太学，得到了祭酒徐元文的器重，顺利中举并且还拜学识渊博的徐乾学作老师。这样的一帆风顺，大概是已经到了"致盈"的阶段，然后"则亏"便如期而至。

乡试之后便是会试，康熙十二年（1673 年），纳兰性德会试中式，眼见下月便是廷试，然而就是在这个时候，纳兰性德患了寒疾，卧病在床，未能参与廷试。十数载的辛苦却在最后出了差错，不能达到"起一经"的结果，这个时候的纳兰性德怎能不苦闷，这一年，纳兰性德在烦苦的病中作了一首《临江仙·谢饷樱桃》。

这首《临江仙·谢饷樱桃》是纳兰词里争议极大的一首，争议着这首词究竟是为谁而作。这些嵌在争端中的人各自自觉地分为两派，徐乾学派和入宫女子派。

从词作时间，以及"独卧文园方病渴"当知是纳兰病中所作。殿试之后，除了官方为新科进士举行的"恩荣宴"外，进士之间还承袭着一种以樱桃宴客的文人雅会——樱桃宴，因为新科进士发榜的时间正巧赶上了樱桃成熟的季节。徐乾学作为纳兰性德的老师，学生卓绝才情却阴差阳错地不能参与最后的廷试，无法参与这樱桃宴会，于是送些樱桃以示抚慰，合情合理。况题"谢饷樱桃"，一"饷"字能知这樱桃当是长者所赠。而纳兰性德作为学生，收到了长辈赠予的樱桃，自然需要答谢一番，于是作词"谢饷樱桃"，也是合乎情理。

然为"入宫女子"所作的说法就未免太过牵强些。且不说是否有这个女子的存在，即便是存在，但宫墙深深，如何便能得知那人患了寒疾，即便得知，想要借物传情却是万万不可能的。所以这首《临江仙·谢饷樱桃》可以推测确实是写给他的老师徐乾学的。

答谢应酬的作品通常容易落入"虚情假意"的俗套，然而纳兰性德此篇措辞温婉，以白描写法入篇，词风雅致娟秀，几言些语便将真情切意流露，不见庸俗。

春意已经尽了，绿叶浓荫处处，夏日的脉息越来越浓稠，树上的粒粒樱桃如繁星，被繁盛的茂叶遮挡，只能用那点点殷红聊以慰藉。春尽，春闱也将尽了。他卧在病榻之上，只能远远地，透过绿荫瞧得樱桃的点点颜色，想象着昔日同窗在樱桃宴上大展风华。

宋叶梦得有词《浣溪沙·送卢倅》："荷叶荷花水底天，玉壶冰酒酿新泉，一欢聊复记他年。"可知"玉壶冰"是一种酒，一壶玉壶冰，分明是千颗樱桃，千点血泪，是他心中的千般悲痛。"玉壶冰"还曾被用来喻示高洁清廉，王昌龄有《芙蓉楼送辛渐》："洛阳亲友如相问，一片冰心在玉壶。"用作此解也是恰当。可见纳兰性德之词，韵味深远，只"玉壶冰"三字，便似有所言，似有所表。此刻，他是"文园病渴"，独卧病榻，只能强拈了颜色亮丽的樱桃在心底酬谢这一番情义，愿各自珍重。

未与廷试，纳兰性德的内心自然是苦闷的，父亲明珠宽慰说："吾子年少，其少俟之。"吾儿年少，今后有的是机会，鼓励他肆力经济之学。纳兰性德振作起来，他此时已拜徐乾学为师，徐乾学藏书丰厚，他便从五月起，每逢三六九日，到徐乾学邸讲论书史，一直到日暮才回家。

对于徐乾学的藏书，清初著名史学家万斯同评价其为："东海先生性爱书，胸中已贮万卷馀，更向人间搜遗籍，真穷四库盈其庐。"他私家藏书于"传是楼"，有藏书楼七楹，藏书甲于康熙一朝，"一时通经学古之士，如阎若璩等亦多集其门"南北藏家之书，尽归其门下，有"传是楼藏书名甲天下"之称。纳兰性德在徐乾学家看书，回去后也曾写信说："承示宋元诸家经解，俱时师所未见，某当晓夜穷研，以副明训。"可见其藏书之多，藏书之广。

纳兰性德和徐乾学交情日深，两人在交流中让纳兰性德渐渐生出校刻《通志堂经解》的想法，于是在老师徐乾学和父亲明珠的支持下，十九岁的那年五月，纳兰性德开始着手校刻《通志堂经解》。

这一年，纳兰性德声名大燥，一时引来无数才子荟集。纳兰性德和徐乾学两人，精心编修经解，在这个过程中可谓亦师亦友。虽有攀附权门之心，却也是真真切切地爱惜纳兰性德的才华。

然而好景不长，这一年徐乾学与蔡启樽典考顺天府乡试，徐乾学从已被放弃的试卷中挑出了最后夺魁的韩菼，但同时却迎来了"副傍未取汉军卷案"。由于是年副榜遗漏了汉军卷未取，遭给事中杨雍建弹劾，徐乾学、蔡启观二考官被降一级调用，谴归江南。纳兰性德一连作四首《秋日送徐健庵座主归江南》相送。其一：

> 江枫千里送浮飔，玉佩朝天此暂辞。
> 黄菊承杯频自覆，青林系马试教骑。
> 朝端事业留他日，天下文章重往时。
> 闻道至尊还侧席，柏梁高宴待题诗。

其二：

> 玉殿西头落暗飔，回波宁作望思辞。
> 蛾眉自是从相妒，骏骨由来岂任骑。
> 白首尽为酬遇日，青山真奈送归时。
> 严装欲发频相顾，四始重拈教咏诗。

其三：

> 不同执扇怨凉飔，咫尺重华好荐辞。
> 衡岳雁排回日字，葛陂龙待化来骑。
> 斑斓正好称觞暇，丝竹谁从着屐时。
> 弱植敢忘春雨润，一生长诵角弓诗。

其四：

> 惆怅高筵拂面飔，几人鸾禁有宏辞。
> 鱼因尺素殷勤剖，马为障泥郑重骑。
> 定省暂应纡远望，行藏端不负清时。
> 春风好待鸣驺入，不用凄凉录别诗。

这四首送别诗有异以往，虽是送别之意，读之却分明没有送别的那种萧瑟，反而是秋色正好，一片蓬勃生机。大概对于纳兰性德这个年纪的还没有经历过爱恨情愁的少年来说，别离只是短暂的不相遇而已。除了连赋四首送别座师，纳兰性德还作《雨中花·送徐艺初归昆山》：

> 天外孤帆云外树。看又是春随人去。水驿灯昏，关城月落，不算凄凉处。
> 计程应惜天涯暮、打叠起伤心无数。中坐波涛，眼前冷暖，多少人难语。

徐艺初，徐乾学之子。徐艺初在当时尚无功名在身，亦未成家，所以跟随父亲同归，纳兰性德因时常在徐家府邸学习，加之两人爱好相当年龄相当，自是十分要好。此番离别，是纳兰性德一生中的第一次离别，恩师好友皆要离开，不免感伤，于是作了这首《雨中花》相送。

正是九月初秋，春去人走。远处孤帆飘渺，连两岸的绿荫都仿佛是簇在云外的。他想起了五月春末，开始前往老师府邸肆力经济之学，熟读古人文辞，才将将四月光景竟要分别了，心中难免产生人走茶凉之感，于是"看又是春随人去"。江水两岸驿站已经燃起了隆隆灯火，月落乌啼，波涛打叠起心中的感伤，与赠与座师徐乾学的四首诗作相比，这首送给好友的词的情意深重、惜别依依之情显然更为真切猛烈一些。

人在送别之时似乎总带着几分豪情，然而当真别后，望着那孤帆随着江水悠悠远去，心头的孤寂才会冒出来，于是纳兰性德又赋一首《即日又赋》：

> 商飙猎猎帝城西，极目平沙草色齐。
> 一夜霜清林叶下，五原秋迥塞鸿低。
> 相将绿酒浮萸菊，莫向黄云听鼓鼙。
> 此日登高兼送远，欲归还听玉骢嘶。

除徐乾学外，蔡启樽同为顺天乡试主司，且是主考官，自然也没能逃得开这次"副榜未取汉军卷案"，同样被遣回老家。同作为座师，有师生情谊，然而两人间留下的故事却寥寥无几。或许他们也曾有觥筹交错的诗文唱和，然后终究在百年历史的硝烟中化作了沉沙，或者是像一只哑了嗓子的莺，再也唱不出绵长醇厚的歌曲。在这一段人与人的交往之中，纳兰性德与蔡启樽之间便只留下了短短百余字，这就是《摸鱼儿·送别德清蔡夫子》：

> 问人生、头白京国，算来何事消得。不如卷画清溪上，蓑笠扁舟一只。人不识。且笑煮鲈鱼，趁着莼丝碧。无端酸鼻。向歧路销魂，征轮驿骑，断雁西风急。
> 英雄辈，事业东西南北。临风因甚成泣？酬知有愿频挥手，零雨凄其此日。休太息。须信道、诸公衮衮皆虚掷。年来踪迹。有多少雄心，几番恶梦，泪点霜华织。

　　纳兰性德与这位恩师之间的感情可以算作亦师亦友，在他最开始接触文坛时为他点亮了一盏明亮的灯。后来徐乾学捐复原官，升为左春坊左赞善，充任日讲起居注官，之后为翰林院侍讲，侍讲学士，左都御史，升刑部尚书。

　　徐乾学在历史上一直是比较受争议的人，时中国思想启蒙之父、海内三大鸿儒之一黄宗羲曾在《传是楼藏书记》中说："世之藏书家未必能读，读者未必能文章，而先生并是三者而能之，非近代藏书家所及。"称赞徐乾学藏书、读书、文章三者能之，无疑厚赞；而时下又有许三礼贬其："既无好事业，焉有好文章，应逐出史馆，以示远奸"。

　　《清史稿》评其曰：儒臣直内廷，谓之"书房"，存未入关前旧名也。上书房授诸皇子读，尊为师傅；南书房以诗文书画供御，地分清切，参与密勿。乾学、士奇先后入直，鸿绪亦以文学进。乃凭藉权势，互结党援，纳贿营私，致屡遭弹劾，圣祖曲予保全。乾学、鸿绪犹得以书局自随，竟编纂之业，士奇亦以恩礼终，不其幸欤！

　　他初时曾攀结纳兰明珠，与明相联手将索额图排挤出内阁，一时间成了明珠府上炙手可热的人物。然而在纳兰去逝后仅三年，徐乾学转身又与郭琇以"背公营私"弹劾明珠，明珠、余国柱遂罢相。李光地说徐乾学"谲诡奸诈"。当时的民谣说："九天供赋归东海，万国金珠献澹人。"

　　然时下的那些褒贬不过是历史里的一粒沉沙，不论他是互结党援还是纳贿营私，都无法否认他确确实实是一代大儒。也庆幸，纳兰性德没有历经这场君臣、父子、师生的朋党之争。

第二节　狷狂疏放姜宸英

> 长安一夜雨，便添了几分秋色。奈此际萧条，无端又听，渭城风笛。咫尺层城，留不住，久相忘，到此偏相忆。依依白露丹枫，渐行渐远，天涯南北。
>
> 凄寂，黔娄当日事，总名士，如何消得！只皂帽塞驴，西风残照，倦游踪迹。廿载江湖犹落拓，叹一人知己终难觅。君须爱酒能诗，鉴湖无恙，一蓑一笠。
>
> ——纳兰性德《潇湘雨·送西溟归慈溪》

楚辞汉赋、唐诗宋词、元曲加上明清小说构成了中国古典文学的基本形式，也由此产生了一批令后世瞻仰的"文人"。古代的文人，由于身处时代的不同，性格虽不尽相同，但有一点却极为相似——狷狂。

《论语·子路》中有："不得中行而与之，必也狂狷乎！狂者进取，狷者有所不为也"语，孔子对这"狂狷"二字，评价极高。"狂"是指懂得进取，超越流俗，而"狷"则是洁身自好、有所不为之意。就连向来持批判主义的鲁迅对于文人的这份狂狷亦是赞赏不已，对魏晋风度颇有好感。所以有人说，这世界上的文人，狂者多，不狂者少，绝对不狂，心如止水者，几乎没有。

李白有诗"我本楚狂人，凤歌笑孔丘"，可知"楚狂"由来已久；屈子赋《离骚》，于浪漫中尽展其刚正清高；司马迁隐忍，究天人之际，通古今之变，成一家之言；嵇康悲壮凄楚，叹然："《广陵散》于今绝矣！"这些都是狂狷之气，不过终究还是要分个闲悠和张扬。

在纳兰性德所交的朋友中，便有一位摆在明面上的任性率真，豪放旷达的朋友——姜宸英。

姜宸英与纳兰性德相识应该是在康熙十二年（1673 年），这可以从姜宸英《祭纳兰成德文》中知晓。

> "我始见兄，岁在癸丑。时才弱冠，叩无不有。马赋董策，弹九脱手。拔帜南宫，掩芒北斗。"

《通议大夫一等侍卫进士纳腊君墓表》中也有："君年十八九，联举礼部，当康熙之癸丑岁。未几也，予与相见于其座主东海阁学公邸，而是时君自分齿少，不愿仕，退而学经读史，旁治诗歌古文词"之言。

康熙之癸丑岁，正是康熙十二年，是年，纳兰性德十九岁，因为寒疾没有参与廷试，所以"退而学经读史"，时常前往徐乾学府邸学习，就是在徐乾学的府邸，两人相遇，是年，姜宸英已经是四十五岁了。

姜宸英，字西溟，号湛园，又号韦间，崇祯二十八年

（1628 年）生于慈溪科甲第。由于出生于书香之家，姜宸英在耳濡目染中亦是才思敏捷，博闻强记，在江南赋有才情，然而他的科举之路却是极为坎坷，其经历堪为古代中国士子求取功名的范例——屡试不第，不第屡试。

仕途一直都是文人追求的道路，姜宸英身负才华，自然不愿平庸，然而他生不逢时，年纪正好时却处于战乱，顺治元年，姜宸英十七岁，李自成克北京，五月清兵入北京，战乱期间，姜宸英困城中，足迹不敢越郊外一步，母氏数病，家已破落。等到顺治二年，清师渡江南，补开了浙江乡试。然姜宸英大概是属于那种不会考试的人，虽有才名，却是二十岁浙江乡试不售，二十四岁浙江乡试不中，二十七岁浙江乡试又不售……真当是"良人的的有奇才，何事年年被放回?"

康熙十二年，十九岁的纳兰性德有意结交姜宸英，姜宸英在《祭纳兰成德文》中追忆起旧日与纳兰性德相见相识相知时说："兄一见我，怪我落落，转亦以此，赏我标格。人事多乖，分袂南还，旋复合并。於午未间，我蹶而穷，百忧萃止，是时归兄，馆我萧寺。人之猖猖，笑侮多方，兄不谓然，待我弥庄。"

祭文里的"於午未间"里的"午未"即戊午、已未年，正是康熙十七、十八两年。这两年，已经上了五十岁的姜宸英几乎是到了人生中最困难的时刻，博学鸿词科考失利，求仕无门，又逢母丧，在这样的境遇里，纳兰性德始终坚持着友人的不离不弃，给予他帮助，助他渡过难关。

　　康熙十七年（1678 年）八月，吴三桂死，清军全线转入反攻，康熙帝终于平定了三藩之乱，迎来了太平国势。在这一年的年底，康熙帝便称："自古，一代之兴，必有博学鸿儒，振起文运，阐发经史，润色词章，以备顾问著作之选。朕万几余暇，游心文翰，思得博学之士，用资典学……凡有学行兼优、文词卓越之士，不论已仕未仕，令在京三品以上，及科道官员，在外督抚布按，各举所知，朕将亲试录用。"于是特开博学鸿词科。

　　科举考试内容以八股文的考试为主，博学鸿词科则不同于科举考试的乡试和会试，是通过各地的地方官员和士绅名人举荐的方式，凡学行兼优，文词卓越者，无论是否中过举，都可以直接参加考试，录用后直接授以官职。

　　这样的做法不仅网罗了俊良，更是稳定了人心。八股文的考试极其死板，难免错过许多有真才实学却不精通八股的学士，姜宸英、严绳孙与朱彝尊便在此流，极富才学却一直没有中试，埋没在布衣之中，于是被时人称之为"江南三布衣"，而各地的名士又有很多是明朝遗老，举荐的方式亦拉拢了这一批人，缓解满汉矛盾，可谓一举两得。因天气寒冷，这场博学鸿词考试时间被定在隔年三月。

　　这一年岁暮，姜宸英入京，性德将其安排到了千佛寺居住。原本韩菼、叶方蔼想要联名举荐其参与这场鸿博试，然而临近考试之时，叶方蔼却因为被任命为阅卷官而在紫禁城中出不来，姜宸英联系不上韩菼，等到韩菼想起来，独自将其举荐给吏部的时候已经是两个月后，早已过了考试的日期，由此错过了这场鸿博试，再一次被仕途拒之门外。韩菼在姜宸英《湛园集序》中对于这次错期做了解释。

这次考试的试题是《璇玑玉衡赋》、《省耕诗五言排律二十韵》，只考诗赋，全国推荐一百四十三人，考取五十人。其中一等 20 名、二等 30 名，合约占应试人数的三分之一，授以侍读、侍讲、编修、检讨等职，并入"明史馆"纂修《明史》。同为"江南三布衣"的朱彝尊和严绳孙皆以一等和二等的名次被录取，姜宸英在三人中名气最大，却与之擦肩，不免悲痛万分。

纳兰性德作《金缕曲》以慰西溟，词曰：

> 何事添凄咽？但由他、天公簸弄，莫教磨涅。失意每多如意少，终古几人称屈。须知道、福因才折。独卧藜床看北斗，背高城、玉笛吹成血。听谯鼓，二更彻。
>
> 丈夫未肯因人热，且乘闲、五湖料理，扁舟一叶。泪似秋霖挥不尽，洒向野田黄蝶。须不羡、承明班列，马迹车尘忙未了，任西风吹冷长安月。又萧寺，花如雪。

纳兰性德的这一首《金缕曲》，世人评价颇高。严迪昌在他的《清词史》中说这首词是"慨然长吭，劝慰中透不平"，"殊有风鸣万窍、怒涛狂卷的气韵。决不是自缚于南唐一家者所能出手的，至于神虚情匮的工匠们更是难加问津。"

什么事情让你如此悲戚呜咽？造化弄人，那就放开胸怀任他播弄，不能因此折磨自己。世事总是失意的多如意的少的，自古以来就没有几人是不屈就的！要知道，折了的福分都补给给了才学。不如归隐山林，远离庙堂，闲游五湖四海。如果实在想要流泪，那就将眼泪洒向田野间的黄蝶花草吧！班列于朝的诸公其实也没什么好艳羡的，整日奔波劳碌没有空闲，虽然没有在京做官的际遇，但却可以以达观处之。

这一年夏末初秋，姜宸英的母亲亡故，不得不丁内艰归，纳兰性德又作词相送。

> 长安一夜雨，便添了、几分秋色。奈此际萧条，无端又听，渭城风笛。咫尺层城留不住，久相忘、到此偏相忆。依依白露丹枫，渐行渐远，天涯南北。
> 凄寂。黔娄当日事，总名士如何消得。只皂帽蹇驴，西风残照，倦游踪迹。廿载江南犹落拓，叹一人、知己终难觅。君须爱酒能诗，鉴湖无恙，一蓑一笠。
> ——《潇湘雨·送西溟归慈溪》

京城中下了一夜的雨，已经有了几分萧条秋色，正萧瑟无奈，又无端听到别离曲音，不免更添离愁别绪。相隔咫尺却要离别，昔日相处时的点滴只能变成回忆了。像黔娄那样家贫，不肯出仕，过着隐居的生活，死时衾不蔽体，这样的事君如何经得起？二十年来在江南负有盛名，但至今知己难觅，知遇难求。望君须珍重。

又有《金缕曲·姜西溟言别，赋此赠之》：

> 谁复留君住。叹人生、几翻离合，便成迟暮。最忆
> 西窗同剪烛，却话家山夜雨。不道只、暂时相聚。滚滚
> 长江萧萧木，送遥天、白雁哀鸣去。黄叶下，秋如许。
>
> 日归因甚添愁绪。料强似、冷烟寒月，栖迟梵宇。
> 一事伤心君落魄，两鬓飘萧未遇。有解忆、长安儿女。
> 裘敝入门空太息，信古来、才命真相负。身世恨，共
> 谁语。

姜宸英离京后，纳兰性德又写《东西溟》诗相赠：

> 廿载疏狂世未容，重来依旧寺门钟。晓衾何处还家
> 梦，惟有凉飔起古松。

从诗赋中可见，纳兰性德对姜宸英的真挚情感。姜宸英
也感念纳兰性德在他最困难的时候相助于他。给纳兰性德写
信说："轸念贫交，施及存殁。使藐然之孤，虽不能尽养子
生前，犹得慰所生于地下。"

所幸这一次离别并没有让这对友人分别得太久，康熙十
八年（1679 年）十一月十七日，明史馆重新开馆。姜宸英虽
然错过了一次博学鸿词科，却依旧得了任《明史》纂修的总
裁叶方蔼的举荐入明史馆，像博学鸿词科录取的学士一样参

与《明史》修纂。

《清国史》记载："……方蔼旋总裁《明史》，荐之人馆，充纂修官，食七品俸……"叶方蔼举荐姜宸英，固然有之前学鸿词科时因为正好被宣入禁中，没能如期举荐，而使得姜宸英错过了考试的原因，而更多的应该是对姜宸英其人的赏识。同时，徐元文也荐举姜宸英，认为"傥属以编摩，真足佐成良史。"

二年后，也就是康熙二十年（1681 年），姜宸英再次入京，以布衣身份入明史馆，纂修《明史》，食朝廷七品官员的俸禄，主要分撰《刑法志》极其相关传记。

康熙二十一年（1682 年）秋，纳兰性德奉命前往梭龙侦察，姜宸英作《宿燕郊，送容若奉使西域》为他送行。

> 吹笳落日乱山低，帐饮连宵惜解携；别梦已经千里雁，征心惟听五更鸡。侍中诏许离丹禁，都护声先过月题，今看乌孙早入质，蒲桃苜蓿正东西。

又有《题容若出塞图二首》：

> （其一）一行秩雁促归程，千里山河感慨生。半弹吟鞭望天束，白沙空砖少人行。
> （其二）奉使曾经葱岭回，节毛暗落白龙堆。新词烂漫谁收得，更与辛勤渡海来。

姜宸英性情孤傲，纳兰虽出身贵族，却也极是欣赏他的这份狂傲，对于这个朋友，是发自肺腑的真情实意。后纳兰性德逝世，姜宸英悲痛万分下写下一篇祭文——《祭纳兰成德文》，其中就有回忆两人相处时的情景：

> ……我常箕踞，对客欠伸，兄不余傲，知我任真。我时嫚骂，无问高爵，兄不余狂，知余疾恶。激昂论事，眼睁舌挢，兄为抵掌，助之叫号。有时对酒，雪涕悲歌，谓余失志，孤愤则那……

叹其"在贵不骄，处富能贫"，又感"世无兄者，谁则容我？"两人间的情分，可感可想。

姜宸英一生狷狂，虽穷尽一生追逐科考，却生性刚直，从不愿弓其项背，摧眉折腰。他身负才学，却屡试不第，这其中缘由，与权相纳兰明珠的排挤有很大关系。

易宗夔《新世说》有一则记录了一段纳兰性德与姜宸英的旧事，与全谢山所作的《翰林院编修姜先生宸英墓表》暗合：

> 姜西溟在京师时，相国明珠长子性德甚才，从公学，颇欲援之登朝。明相有幸仆曰安三，势倾朝野，公不少假借。性德乘间言曰："家君遇先生厚，然卒不得大有所助。某以父子之亲，亦不能为力者，盖有人焉为之梗，愿先生少假颜色，则事且立谐。"公大怒，掷杯起，绝

弗与通。于是时相子百计请罪先生，始终执礼。而安三
知之恨甚，时相遂与尚书比而尼先生。

这大概就是姜宸英在祭文中所言的"彼何人斯，实应且
憎，余色拒之，兄门固扃"一事吧。

这件事发生的时间应该是在康熙十七、八年左右，当时
姜宸英欲仕无门，纳兰性德欣赏他的才学，所以请为老师，
留其居住在明珠府内。彼时明珠已是内阁大学士，权倾朝野，
有一个叫做安三的奴仆很受明珠看重，在京城中也算是高官
世卿争相讨好的对象。然而姜宸英却不喜其人，从不搭理，
纳兰性德见状难免忧虑，于是趁着间隙规劝，希望他与安三
和谐相处。姜宸英大怒，直接摔了杯子，闹到了绝交的境地，
搬出了明珠府去。面对这样急性子，脾气又狂傲的朋友，纳
兰性德也只好千方百计执礼请罪，希望他稍解怒气。

纳兰性德作为权相长子，又文采斐然，从来都是备受世
人风评，争相结交，然而到了姜宸英这里，却也要低了头跟
他赔罪，可见他将两人间的情分看得十分要紧。然而尽管有
纳兰性德在其中斡旋，父亲明珠终究是对姜宸英其人怀了
芥蒂。

令明珠对姜宸英此人真正暗恨乃是在康熙二十六年
（1687 年），全谢山《翰林院编修姜先生宸英墓表》云：

是时枋臣方排睢州汤文正公，而尚书为祭酒，受枋

> 臣旨，劾睢州为伪学，枋臣因攫之副詹事，以逼睢州，以睢州故兼詹事也。先生以文头责之，一日而其文遍传京师。尚书恨甚。

其中，枋臣乃指权相明珠，汤文正公为工部尚书汤斌，尚书为国子监祭酒翁叔元。汤斌刚正不阿，不趋权贵，与明珠不合，明珠及其党羽弹劾汤斌，翁叔元依附明珠。当时姜宸英与翁叔元还为好友，见朋友如此作为，当下愤然，写文公然斥责，一日之间轰动了整个京师。彼时，汤斌与徐乾学同属一派，姜宸英的这种作为虽可能只是发自本心的一种正气，但终究是被卷入了明珠与徐乾学的政治漩涡。在翁叔元担任吏部尚书后就与明珠联手阻止姜宸英入仕，好在徐乾学一直给予姜宸英保护，即使在被罢官之后，亦是惓惓为其通榜。

在仕途路上，除了纳兰明珠和翁叔元的阻挠，姜宸英本人的狂狷也让其屡屡得罪考官，以至许多考官本有意将他纳入举子范畴，却终究因为他太过不知变通而放弃。

康熙二十七年（1688 年），姜宸英终于有了举人的名头去参加礼部的会试，首场考试后，姜宸英以其名气先声夺人，被拟取为第二名。然而在第三场考试时，他在文章中用了"涂抹《尧典》、《舜典》字，点窜《清庙》、《生民》诗"两句，监试御史不知其出处，劝其改写，然而姜宸英不但不改，更抢白道："此出自唐李商隐《韩碑》诗，非我杜撰。"御史受此讥讽，恼羞成怒，借故将他名次取消，姜宸英再次落榜。

姜宸英这一生都在追逐科举入仕，他的才学越厚，声明越高，就越是放不开科举，由此可见其执念之深。

康熙二十七年（1688 年），御使郭琇上疏弹劾纳兰明珠结党营私、排斥异己，康熙决意削弱明珠党，罢黜明珠。明珠罢相终于让姜宸英看到了一线曙光，愈发热衷科考，终于在康熙三十六年（1697 年）得中进士，殿试中取了第三名"探花"。此时，姜宸英已经白发皓首，时年七十。

姜宸英最后能够得中功名，了却他一生的心愿，除却其本身才学卓绝外，徐乾学的支持也起到了十分重要的作用。再则，姜宸英科考数载，已经成为天下学子科考之楷模，康熙帝取之为"探花"，也有鼓励之意。

姜宸英入仕后被授翰林院编修，两年后又奉命主持顺天乡试。却不料本该是一场揽尽天下奇英才的恩科考试，最后却成了一场"科场舞弊案"。考试结束后未曾放榜，名次就已经外传，等到放榜之时，名次果然如传闻的一样，应举士子哗然愤怒，舆论沸沸扬扬。文揭贴遍京城，其中有"……不意顺天大主考李蟠、姜宸英等，灭绝天理，全昧人心。上不思特简之恩，下不念孤寒之苦……中堂四五家，尽列前茅；部院数十人，悉居高位……取人如此，公论何谓！"街头巷尾更是流传起了"小李大有甜头，老姜全无辣味"等嘲弄考官之谣。

御史鹿佑等以众人议论纷纷弹劾主考官，康熙帝令该科举子在内廷重新考试，不合格者取消举人资格，而李蟠、姜宸英入狱、革职查办。李蟠充军塞外，不再叙用。姜宸英未及开审，死于狱中。死前自拟挽联：

> 这回算吃亏受罪，只因入了孔氏牢门，坐冷板凳，作老猢狲，只说是限期弗满，竟挨到头童齿豁，两袖俱空，书呆子何足算也。
>
> 此去却喜地欢天，必须假得孟婆村道，赏剑树花，观刀山瀑，方可称眼界别开，和这些酒鬼诗魔，一堂常聚，南面王以加之耳。

姜宸英一生狂傲，韩菼便认为他"心思蹙缩，壅阏于内，挟其才气，忿愤欲出，则飚发泉涌，不可以古法绳尺裁量"他的这种性格，是绝不存在于官场之上的，若是能够如纳兰性德当初赠《金缕曲》那般"且乘闲、五湖料理，扁舟一叶。"放下执念，在江湖之中一诗一酒，一蓑一笠，大概会过得更加逍遥自在，更加接近魏晋风度里的狂狷，便也不会有此悲凉结局。

然而世事、世人，终究是各人有各人的路，各人有各人的"道"，谁也无法评定若是怎样做了便能够怎样，终究是别人的狂狷，别人的性格罢了。也是如此，才是姜宸英。

第三节　生死至交顾贞观

　　德也狂生耳。偶然间，缁尘京国，乌衣门第。有酒惟浇赵州土，谁会成生此意。不信道、遂成知己。青眼高歌俱未老，向尊前、拭尽英雄泪。君不见，月如水。

　　共君此夜须沉醉。且由他，蛾眉谣诼，古今同忌。身世悠悠何足问，冷笑置之而已。寻思起、从头翻悔。一日心期千劫在，后身缘、恐结他生里。然诺重，君须记。

　　　　　　　　　　——纳兰性德《金缕曲·赠梁汾》

　　三月春闱，历来便是文人士子期盼的日子，纳兰性德自康熙十二年（1673年）患了寒疾未能参与廷试，至今又有三载。这一年，是康熙十五年（1676年）；这一年，纳兰性德二十二岁；这一年，纳兰性德恢复了其"成德"之名；这一年，纳兰性德终于站在了玉阶金殿上，以其才学，被取二甲第七名进士；这一年，纳兰性德认识了他一生中最重要的知己——顾贞观；这一年，纳兰性德以一首《金缕曲·赠梁汾》名动天下。

　　"德也狂生耳"，起句干脆利落，锋芒间带这些令人诧异的味道，犹如李白"我本楚狂人"一句，徒然间砸击在心窝，令人回味无穷。康熙十二年时，明珠任吏部尚书，乃六部之首，从一品官职，掌管全国官吏任免、考课、升降、调动、封勋等事务，权利越来越大。纳兰性德说自己"偶然间，缁尘京国，乌衣门第。"对自己的身世倒不怎么在乎。

纳兰性德一直向往战国时赵国平原君，能够广交天下贤德才士，见到顾贞观，一时引为知己，许下此后共历劫难的承诺。一句"然诺重，君须记"，浓情厚意跃然纸上，涤荡进人的心底，给予了这段友谊一个最慎重的开始。

纳兰性德与顾贞观的第一次相见时在康熙十五年的这个春去夏来的季节，经过国子监祭酒徐元文和严绳孙的介绍，入明珠府做塾师。这年三月之后，纳兰性德尚还沉浸在恢复自己用了二十载的名字"纳兰成德"喜悦中，虽进士题名，然而馆选却没有确信，正是赋闲在家的时候。

顾贞观，原名华文，字远平、华峰，亦作华封，号梁汾。明崇祯十年（1637年），顾贞观出生于江苏无锡，是明末东林党人顾宪成的四世孙。他出自官书之家，祖父顾与淳曾任四川夔州知府，父亲顾枢才高博学，是东林学派领袖之一高攀龙的得意门生，母亲王氏夫人也是生长于诗书之家。明亡之时，其祖父辈中多有殉节者，其叔父顾柄既死于乙酉之役，贞观年已八岁，且又早慧，生长高风亮节之门第，家国兴亡之感当铭刻于心，幼习经史，加之禀性聪颖，所以幼时便已有词才，未及弱冠就参加了由吴江名士吴兆骞兄弟主盟的"慎交社"。该社中他年纪最小，却"飞觞赋诗，才气横溢"，与声望甚隆的吴兆骞齐名并结为生死之交。

顾贞观与纳兰性德的这段生死交情，最先便开始于吴兆骞其人。

吴兆骞，字汉槎，吴江人，生于诗礼簪缨望族。吴兆骞少年得志，简傲礼法，和顾贞观相识在慎交社中，两人订下"私盟"，成莫逆之交。

顺治十四年（1657 年），顺天、应天两府开科乡试，以笼络江南士子，却发生了科场舞弊，是为"丁酉科场案"。南闱中举的吴兆骞被江南总督郎廷佐列入"显有情弊"的八名举人之中，押解上京复试。顺治帝亲自于瀛台，复试丁酉科南闱举人，吴兆骞曳白，不予作答，于是被除举子之名，流放宁古塔。

在吴兆骞启程出关前往宁古塔时，顾贞观发下誓言，定救他归来。《无锡金匮县志·文苑》载："兆骞戍宁古塔，贞观洒涕，要言曰：'必归季子'。"

君子一诺，生死无悔。

由此，东林世家出身，一直游学四方没有致士之意的顾贞观抛妻弃子，入京拜谒公侯。康熙元年（1662 年），顾贞观以一句"落叶满天声似雨，关卿何事不成眠"受知于当朝尚书龚鼎孳，被其引荐为内阁中书舍人。康熙五年（1666年），顾贞观中举，改任国史院典籍，官至内阁中书。次年康熙南巡，他作为扈从随侍左右。在国史院任典籍期间，曾修订其曾祖顾宪成的年谱《顾端文公年谱》，又为其父编定文集《庸庵公日钞》。康熙十年（1671 年），因受同僚排挤，落职归里，自称"第一飘零词客"。

康熙十五年（1676 年），顾贞观回到了京师，到了明珠府上做西席。彼时，顾贞观已四十岁，纳兰性德二十二岁，两人一见如故，互引为知己。顾贞观之所以入明珠府，其原本目的便是希望通过纳兰性德的关系，求得权臣明珠相助，救出吴兆骞，所以在与纳兰性德缔交后，便时常在友人面前称赞吴兆骞的才德，只是这个时候，纳兰性德终究因相救之事兹事体大未肯轻许。

一直到两人相交半年后，顾贞观作了两首《金缕曲》，费尽一生心血，将十八载之深情一朝倾泻。

《金缕曲——寄吴汉槎宁古塔，以词代书。丙辰冬，寓京师千佛寺，冰雪中作》：

> 季子平安否？便归来，平生万事，那堪回首？行路悠悠谁慰藉？母老家贫子幼。记不起、从前杯酒。魑魅搏人应见惯，总输他、覆雨翻云手！冰与雪，周旋久。
>
> 泪痕莫滴牛衣透。数天涯、依然骨肉，几家能够？比似红颜多命薄，更不如今还有。只绝塞、苦寒难受。廿载包胥承一诺，盼乌头、马角终相救。置此札，君怀袖。

——（其一）

　　我亦飘零久，十年来，深恩负尽，死生师友。宿昔
齐名非忝窃，试看杜陵消瘦。曾不减，夜郎僝僽。薄命
长辞知己别，问人生，到此凄凉否？千万恨，为君剖。

　　兄生辛未我丁丑，共些时，冰霜摧折，早衰蒲柳。
词赋从今须少作，留取心魂相守。但愿得，河清人寿。
归日急翻行戍稿，把空名料理传身后。言不尽，观顿首。

——（其二）

　　这两首词，是寄给远在八千里之外的吴兆骞的，却是给
近在咫尺的纳兰性德看的。纳兰性德为两人情意动容，决心
参与这场营救。顾贞观在弹指词后附注云："二词容若见之，
为泣下数行。曰：'河梁生别之诗，山阳死友之传，得此而
三。此事三千六百日中，弟当以身任之，不俟兄再嘱也。'
余曰：'人寿几何？请以五年期。'"

　　两人以五年之期相约，誓必救出吴兆骞。纳兰性德于是
题这首《金缕曲·赠梁汾》词于贞观随身携带的一幅自画像
《侧帽佩剑投壶图》侧，做了承诺。

　　后纳兰性德又做《金缕曲·简梁汾》：

　　洒尽无端泪，莫因他、琼楼寂寞，误来人世。信道
痴儿多厚福，谁遣偏生明慧。莫更著、浮名相累。仕宦
何妨如断梗，只那将、声影供群吠。天欲问，且休矣。

　　情深我自判憔悴。转丁宁、香怜易爇，玉怜轻碎。
羡杀软红尘里客，一味醉生梦死。歌与哭、任猜何意。

> 绝塞生还吴季子，算眼前、此外皆闲事。知我者，梁
> 汾耳。

以词代简，加以劝慰叮嘱，表明对于相救吴兆骞这件事，自当竭力，定然"绝塞生还吴季子"。

据说，顾贞观请纳兰性德营救兆骞时，曾有跪拜，梁溪诗钞小传注："兆骞既入关，过纳兰成德所，见斋壁大书'顾梁汾为吴汉槎屈膝处'，不禁大恸。"《世载堂杂忆》也有云："时明珠当国，其子纳兰性德与无锡顾贞观最善。顾跪求纳兰，挽救汉槎生还。"。

想要将吴兆骞救出，必定会撼动清廷的律例，纳兰性德此时还没有官职，自然只能借助父亲明珠的势力。袁枚《随园诗话》卷三载："一说：华峰之救吴季子也，太傅方宴客，手巨觥，谓曰："若饮满，为救汉槎。"华峰素不饮，至是一吸而尽。太傅笑曰："余直戏耳！即不饮，余岂遂不救汉槎耶？虽然，何其壮也！"

一向不饮酒的顾贞观为了莫逆好友，亦愿意一饮而尽，可见其待人发自肺腑，后来与纳兰性德相处，亦是如此。

康熙十七年（1678年），清帝遣内大臣敕封长白山，兆骞乃因势利导，作《长白山赋》数千年及《封祀长白山》诗进程皇帝，复写《奉赠封山使侍中对公》，其诗赋进呈预览，康熙为其瑰丽辞藻打动，询问作者何人，已有赦归之意，但

因朝中要臣反对，言"有尼之者"，"不果召还"。于是被阻。

康熙十八年（1679 年），徐乾学将其诗卷在江南刊刻，赦归吴兆骞之声势日大，终于于康熙二十年（1681 年），得朝廷特赦，允许其纳金赎归，且多经斡旋，将赎金从"万金"压低为"二千金"。纳兰容若、徐乾学、顾贞观倡导友人捐金赎救，就应者云集，辇下名流，皆以不参与此事为憾。

康熙二十年（1681 年）九月，流放宁古塔历时二十三年之久的吴兆骞，终于得以生归中原，入关已在十一月中旬之后。京师故旧，执手抱头痛哭相迎，徐乾学大设宴席为兆骞接风，容若亦赋诗《喜吴汉槎归自关外次座主徐先生韵》：

才人今喜入榆关，回首秋笳冰雪间。玄菟漫闻多白雁，黄尘空自老朱颜。星沉渤海无人见，枫落吴江有梦还。不信归来真半百，虎头每语泪潺湲。

直言救汉槎乃是梁汾，可见纳兰性德心性。

顾贞观结识纳兰性德，原本是有的放矢，带着目的而来，然而终究因诗文词章彼此意气相投，纳兰性德将自己二十二岁前之诗词集为一册付梓，以顾贞观《侧帽佩剑投壶图》为名"侧帽集"。当年，两人遴选今人词为《今词初集》，此年由顾贞观携带词集南下刊刻，纳兰性德即赠《于中好·送梁汾南还，为题小影》：

　　　　握手西风泪不干，年来多在别离间。遥知独听灯前
雨，转忆同看雪后山。

　　　　凭寄语，劝加餐。桂花时节约重还，分明小像沉香
缕，一片伤心欲画难。

　　顾贞观与纳兰性德相交的这大半年一直未曾离开过京师，
所以纳兰性德才会生出"年来多在别离间"的哀叹，感叹这
一年两人时常处于离别的状态。《清稗类钞·师友篇》载：
"成容若与顾梁汾交契，成容若风雅好友，座客常满，与无
锡顾梁汾社人贞观尤契，旬日不见则不欢，梁汾诣容若，恒
登楼去梯，不令去，一谈辄数日夕。"

　　顾贞观这一次南归，两人本已经约定了秋季再见，对于
纳兰性德来说，这场有期限的盼望也就显得不那么难熬了。
只是他没有想到，五月三十日这一天，他会失去他挚爱的妻
子卢氏。

　　爱妻离世，旧友又不在身边，他想要与人诉说心底的苦
楚的人都寻不到，不免郁结，于是作《大酺·赠梁汾》，将
自己的一番愁绪都赋予词中。

　　　　怎一炉烟，一窗月，断送朱颜如许。韶华犹在眼，
怪无端吹上，几分尘土。手捻残枝，沉吟往事，浑似前
生无据。鳞鸿凭谁寄，想天涯只影，凄风苦雨。便研损
吴绫，啼沾蜀纸，有谁同赋。

　　　　当时不是错，好花月、合受天公妒。只索倩、春归

燕子，说与从头，争教他、会人言语。万一离魂过，偏
梦被、冷香萦住。刚听得、城头鼓。相思何益，待把来
生祝取。慧业相同一处。

顾贞观当年秋返会京城，纳兰性德作《金缕曲·再赠梁
汾，用秋水轩旧韵》：

> 酒浣青衫卷，尽从前、风流京兆，闲情未遣。江左
> 知名今廿载，枯树泪痕休法。摇落尽、玉蛾金茧。多少
> 殷勤红叶句，御沟深、不似天河浅。空省识，画图展。
>
> 高才自古难通显。枉教他、堵墙落笔，凌云书扁。
> 入格游梁重到处，骇看村庄吠犬。独憔悴、斯人不免。
> 兖兖门前题凤客，竟居然、润色朝家典。凭触忌，舌
> 难翦。

大抵是顾贞观结交纳兰性德的初衷"不纯"，尽管后来
交心，但世人难免诟病，对顾贞观这种以利交友的方式十分
不齿，纳兰性德屡屡为其不平，于是有"合受天公妒"这样
的宽慰，希望顾贞观不要在意他人的那些妒忌。

康熙十八年（1679 年）早春，顾贞观作《浣溪沙·梅》
赠与容若：

> 物外幽情世外姿，冻云深护最高枝。小楼风月独醒
> 时。一片冷香惟有梦，十分清瘦更无诗。待他移影说
> 相思。

到了这一年年末时节，两人和编的《今词初集》终于刊刻完成，收录纳兰性德词十七首，顾贞观词二十四首。

这一年，纳兰性德在渌水亭旁所筑的茅屋初成，又称花间草堂，纳兰性德做《满江红·茅屋新成》寄与顾贞观：

> 问我何心？却构此、三楹茅屋。可学得、海鸥无事，闲飞闲宿。百感都随流水去，一身还被浮名束。误东风、迟日杏花天，红牙曲。
>
> 尘土梦，蕉中鹿。翻覆手，看棋局。且耽闲斟酒，消他薄福。雪后谁遮檐角翠，雨余好种墙阴绿。有些些、欲说向寒宵，西窗烛。

次年又作《寄梁汾·并茸茅屋以招之》诗：

> 三年此离别，作客滞何方？随意一尊酒，殷勤看夕阳。
>
> 世谁容皎洁，天特任疏狂。聚首羡麋鹿，为君构草堂。

这一年秋天，顾贞观返京。除了接纳兰性德的手书，要来看一看他的茅屋外，还有一件极其重要的事情在等着他。

康熙二十年（1681 年），对于顾贞观来说至关重要，他的好友吴兆骞终于要从禁锢了他二十多年的宁古塔脱身归来了。宁古塔不仅羁绊了吴兆骞二十多年，同样的，也羁绊了

顾贞观二十多年。为了那一句"季子必归"的承诺，顾贞观
抛妻离家，踏入京城，违背本心结交各类能够帮助他完成心
愿的朋友，二十年的奔波，在这一年终于实现了。

吴兆骞在当年的十一月获赦，准许其入关。然而顾贞观
没有等到吴兆骞归来，却先一步接到了江南无锡老家的书信，
他的母亲去世了。顾贞观闻此噩耗，踉跄南下奔丧，只有一
封书简致与吴兆骞，约杪冬或早春再在京师相见。

纳兰性德体谅他丧母别友直通，作《木兰花慢·送梁汾
南行》：

> 盼银河迢递，惊入夜，转清商。乍西园蝴蝶，轻翻
> 麝粉，暗惹蜂黄。炎凉。等闲瞥眼，甚丝丝点点揽柔肠。
> 应是登临送客，别离滋味重尝。
>
> 疑将。水墨罨疏窗。孤影澹潇湘。倩一叶高梧，半
> 条残烛，做尽商量。荷裳。被风暗剪，问今宵谁与盖鸳
> 鸯。从此羁愁万叠，梦回分付啼螀。"

吴兆骞入关到京城后，先是居住在徐乾学的府邸，后纳
兰性德聘其为次弟揆叙的老师，吴兆骞也就住在了明珠府。
半年后，吴兆骞南归省亲，顾贞观做客茸上。谁也不曾想到
吴兆骞一心归家，归家之后却一病不起。纳兰性德故此给吴
兆骞致书，邀请他再度北上养病。吴兆骞于康熙二十二年
（1683 年）再度入京，依旧担任明珠府的西席。这一年，顾
贞观在南，得东林诸人与顾宪成书札，辑为一帙，题为《东

林翰墨》。纳兰性德作《菩萨蛮·寄梁汾苕中》：

> 知君此际情萧索，黄芦苦竹孤舟泊。烟白酒旗青，水村鱼市晴。
>
> 柁楼今夕梦，脉脉春寒送。直过画眉桥，钱塘江上潮。

吴兆骞到京城后，纳兰性德又致书顾贞观，招他北上。康熙二十三年（1684年）九月，顾贞观携沈宛入京。只是一月时间不到，康熙南巡，纳兰性德随扈，两人又匆匆离别。岂料南巡未归，吴兆骞却病卒于京师。顾贞观亲眼目睹知己之丧，痛心疾首，纳兰性德只能作一首《金缕曲》相送，聊以慰藉。

> 木落吴江矣，正萧条、西风南雁，碧云千里。落魄江湖还载酒，一种悲凉滋味。重回首、莫弹酸泪。不是天公教弃置，是南华、误却方城尉。飘泊处，谁相慰。
>
> 别来我亦伤孤寄。更那堪、冰霜摧折，壮怀都废。天远难穷劳望眼，欲上高楼还已。君莫恨、埋愁无地。秋雨秋花关塞冷，且殷勤、好作加餐计。人岂得，长无谓。

顾贞观将将才失去一个好友，不料次年五月二十三日，纳兰性德设宴渌水亭之后却突然得疾，七日不汗而去。那一年，纳兰性德才三十一岁。顾贞观闻讯作《望海潮·祭纳兰容若》：

青烟散后，绿云重绾，今来欲见何缘。每约花时，共听莺处，将归几度留连。冰玉语空传，信书生薄命，自古而然。谁遣刚风，无端吹折到青莲。

品题真负当年，倩泪痕和酒，滴醒长眠。香令还家，粉郎依旧，知他一笑幽泉。慧业定生天，怕柔肠侠骨，难忘人间。莫更多情，漫劳天上葬神仙。

又有《大江东去，用坡公原韵作》：

（跋：呜呼，容若已矣，余何忍复拈长短句乎！是日狂醉，忆桑榆墅有三层小楼，容若与余昔年乘月去梯，中夜对谈处也。因寓此调，落句及之。）

倚楼清啸，休重问烟阁云台何物。总似矶头黄鹤影，瞥眼横过石壁。百战孙曹，一篇崔李，数点鸿泥雪。只应沉醉，傲他千古人杰。谁道兰蕙多情，一般芳草渡，萋萋争发。别有凭栏无限意，不受潮痕磨灭。万里空明，年时曾照取，镜中颜发。等闲辜负，第三层上风月。

此外，还写有《祭纳兰容若文》，情意入骨，将知己之情抒发殆尽。纳兰性德去世后，顾贞观在京停留一年，这一年，几乎所有的时间都在为纳兰性德忙碌，这在他写给秦松龄的书信中可以看到，部分段落如下：

……想闻饮水之变，必为挥涕，种种周全，而今已矣。奈何！弟承中堂恩留，先草行状，次辑遗稿，今有

> 《全唐诗》一选，书成时远胜《品汇》，亦两人同出名者，来岁方完，故今冬竟不得出都门。据中堂意极厚，然离群念旧，万事俱灰，吾哥而外谁可语者？

由此可见，这一年时间里他是在了却纳兰身后余下的三件大事。

第一件为"先草行状"。行状是知情人向祭吊者提供有关死者生平事迹之材料，以备其撰写哀祭铭文时选用。孙致弥在《赠顾梁汾舍人次韩慕庐阁学韵》诗注中亦称"梁汾作《纳腊侍卫行状》甚工"，可惜此《行状》没有刊刻流传下来。

第二件是"次辑遗稿"。搜集整理出纳兰性德的部分作品，为徐乾学刊刻《通志堂集》作前期准备工作。徐乾学在《通志堂集序》中说："余里居杜门，检其诗词古文遗稿，太傅公手授者，及友人秦对岩、顾梁汾所藏，并经解小序合而梓之，以存其梗概为《通志堂集》。"

第三件则是完成辑编《全唐诗选》的后继工作。《全唐诗选》原本由纳兰性德与顾贞观合编，然至性德去世时犹未完成，顾贞观只得独操后继。不过他虽自信书成时远胜明高棅选编的《唐诗品汇》，但不知何因，该书只有文字著录，未见有实物流传。

其后，旋即出京归故里，收拾好纳兰性德留赠给他的书画，在无锡的惠山脚下、祖祠之旁修建了三楹书屋，名之为

"积书岩"。从此避世隐逸，心无旁骛，日夜拥读，一改风流偶傥、热衷交游的生活。"视平昔才华如飞絮落花，任其沾泥随水，一切色相不留"，一如老僧。顾贞观与纳兰性德二人相交，虽初有所怀，然而日渐真挚，虽是忘年，却情深感笃。

顾贞观著有《纑塘集》《弹指词》，编有《唐五代词删》《宋词删》，又有与纳兰性德合编《今（一作近）词初集》。其中《弹指词》声传海外，与陈维崧、朱彝尊称词家三绝。曾续成其曾祖父所编著的《顾端文年谱》，文字简赅。

顾贞观的词，格调高亢，情绪激越，他并不追求含蓄澹荡的意境，而是以气吐如虹之势直抒胸臆。陈廷焯说："顾华峰词，全以情胜，是高人一着处。至其用笔，亦甚园朗，然不悟沉郁之妙，终非上乘。"

附：

顾贞观《祭纳兰容若文》：

呜呼吾哥！其敬我也不啻如兄，其爱我也不啻如弟，而今舍我去耶？吾哥此去，长往何日？重逢何处？不招我一别，订我一晤耶？且擗且号且疑且愕，日晻晻而遽沉，天苍苍而忽暮，肠惨惨而欲裂，目昏昏而如瞀。其去耶？其未去耶？去不去尚在梦中，而吾两人俱未寤耶？吾哥去而堂上之两亲何以为怀？膝前之弱子何以为怙？辇下之亲知僚友何以相资益？海内之文人才子，或幸而遇或不遇而失路无门者，又何以得相援而相煦也？

欲状吾哥之生平既声泪俱发而不忍为追，惟欲述吾两人之交情更声泪俱竭而莫能为觐缕。盖屈指丙辰以迄今，兹十年之中，聚而散，散而复聚，无一日不相忆，无一事不相体，无一念不相注。弟举其大者言之：吾母太孺人之丧，三千里奔讣，而吾哥助之以麦舟；吾友吴兆骞之厄，二十年求救，而吾哥返之于戍所。每懑言之数进，在总角之交尚且触忌于转喉，而吾哥必曲为容纳，洎谗口之见攻，虽毛里之戚未免致疑于投杼，而吾哥必阴为调护，此其知我之独深，亦为我之最苦。岂兄弟之不如友，生至今日而竟非虚语！

又若尔汝形忘，晨夕心数，语惟文史，不及世务，或子衾而我覆，或我觞而子举，君赏余弹指之词，我服君饮水之句。歌与哭总不能自言，而旁观者更莫解其何故。又若风期激发，慷慨披露，重以久要，申其积素，吾哥既引我为一人，我亦望吾哥以千古。他日执令嗣之手而谓余曰："此长兄之犹子。"复执余之手而谓令嗣曰："此孺子之伯父也。"

呜呼！此意敢以冥冥而相负耶？

总之，吾哥胸中浩浩落落，其于世味也甚淡，直视勋名如糟粕、势利如尘埃，其于道谊也甚真，特以风雅为性命、朋友为肺腑。人见其掇科名、擅文誉，少长华阀，出入禁御，无俟从容政事之堂，翱翔著作之署，固已气振夫寒儒，抑且身膺夫异数矣，而安知吾哥所欲试之才，百不一展，所欲建之业，百不一副，所欲遂之愿，百不一酬，所欲言之情，百不一吐。实造物之有靳乎斯人，而并无由毕达之于君父者也！

犹忆吾哥见赠之词有曰："一日心期千劫在，后身缘、恐结他生里。"又曰："惟愿把、来生祝取，慧业同生一处。"呜呼！又岂偶然之言，而他人所得预者耶？

吾哥示疾前一日，集南北之名流咏中庭之双树，余诗最后出，读之铿然，喜见眉宇，若惟恐不肖观之落人后者。已矣！伯牙之琴盖自是终身不复鼓矣，何身可赎？何天可吁？音容傥然，泣涕如澍，再世天亲，誓言心许，魂兮归来，鉴此惊愫。

第四节　有发未僧严绳孙

纳兰性德的江南朋友，多数是忘年之交，顾贞观比他大了十几岁，姜宸英比他大了二十多岁，严绳孙同样也比纳兰性德大了二十多岁，更在姜宸英之上。

严绳孙，字荪友，一字冬荪，号秋水，自称勾吴严四，复号禺荡渔人，江苏无锡人。生于 1623 年，卒于 1702 年，逾世八十载。严绳孙的祖父严一鹏，曾在明朝任刑部侍郎。父亲严绍宗，是明朝的贡生，明亡后，隐居不仕。

严绳孙与纳兰性德的其他朋友不同，他与朱彝尊、姜宸英并称"江南三布衣"，不过其余两人皆有入仕之心，姜宸英对入仕更是有一种"不疯不魔不成活"的执着，严绳孙却是一个真正秉持着布衣之心的才子，不愿入仕。叶方蔼就曾在《严荪友诗序》中说起他的不入仕和笑傲之心，谓："君为贵公之孙，其才智文采，可以骋力于仕进。而二十余，即弃诸生，优游环堵，终年笑傲，无动乎其中，而亦无炫乎其外。"

在明王朝灭亡时，严绳孙就已经有二十七、八岁了，正是出入朝堂的好时机，然而作为明朝的遗少，自顺治八年科举复开以来，他却一次也没有参加。他的诗词中虽然多有抒发兴亡之感的篇章，如《临江仙》：

> 试问吴宫人去后，绮罗多少星霜。一声渔笛散横塘。虎丘今夜月，犹为照真娘。　记得霓裳花底见，春风几度思量。生公石上旧年芳。夜寒莲漏永，清影在回廊。

虎丘向来为文人墨客凭吊历史之地，感触尤甚。严绳孙身在江南，正是三国时期吴国兴衰之地，当年真娘、生公，早就随着历史淡去了。而今是夜寒莲漏，不复当初。

又如《桂枝香胥江怀古》：

> 吴城东畔。早一抹秋容，骤雨初敛。试问忠魂何处，依稀未远。六千君子凌波起，便江头、水犀朝偃。伤心此际，惊涛溅血，臣言真践。
>
> 叹千古、兴亡满眼。更白马从游，此恨谁见。赢得神鸦社鼓，丽谯荒甸。西风谁把英雄泪，洒东流、一时吹转。始应消得，箫声吴市，那些幽怨。

这两首怀古词，虽有咏怀，却不似辛弃疾《南乡子·登京口北固亭有怀》中"千古兴亡多少事？悠悠，不尽长江滚滚流"的激昂壮阔，也不如张养浩《山坡羊·潼关怀古》中"兴，百姓苦；亡，百姓苦"的低沉哀愁，更不见陈子昂"前不见古人，后不见来者。念天地之悠悠，独怆然而涕下"的慷慨悲愤。他的词，所谓"澹然而平，盎然而和，雍容纤裕而不迫"，自有七分清淡。

在《灵岩璺继大师》一诗中，严绳孙便写有："兴亡满眼今何夕，去住无心我未僧"这样的句子，天下兴亡又如何？我心中自是平定，如在佛中。纳兰性德有《忆江南·宿双林禅院有感》词，云：

> 心灰尽、有发未全僧。风雨消磨生死别，似曾相识只孤檠，情在不能醒。
>
> 摇落后，清吹那堪听。淅沥暗飘金井叶，乍闻风定又钟声，薄福荐倾城。

其中也做"有发未全僧"，两人颇有相似之处，大抵是纳兰性德收了严绳孙的影响，只不过纳兰性德在这种"有发未全僧"的情感基调上多出了几分哀愁和悲凉，于是有"心灰尽"这样的感叹，而严绳孙词间所带，却是一份陶渊明般"采菊东篱下，悠然见南山"式的淡然。这也是因为两人身份不同的原因，导致纳兰性德注定一生被生世所累，无法翩然离去。

纳兰性德结识严绳孙应当是在康熙十二年（1673 年），严绳孙《哀词》中有："始余以文字交於容若，时容若方举礼部为应时之文"句，"举礼部为应时之文"即参加科举考试，纳兰性德此生共参与科考两次，一次是在康熙十二年，一次是在三年后的康熙十五年（1676 年），而在康熙十五年，顾贞观入京，由徐元文和严绳孙介绍给纳兰性德，到明珠府上客座，可见在此之前，纳兰性德和严绳孙二人已经十分相熟，那么他们相识的时间在康熙十二年则更为准确。

康熙十四年（1675 年），纳兰性德与严绳孙过从甚密，严绳孙移居纳兰性德府邸中，严绳孙有诗：《移寓成容若进士斋中作》可证。诗云：

> 两年风雨客金台，宛转浮生浊酒杯。画角晓听浑已惯，玉河秋别却重来。
>
> 朱门月色寻常好，青镜霜华日夜催。但得新知倾盖意，不妨双屐卧苍苔。

在这个时期，严绳孙做《西苑侍直杂诗》二十首，纳兰性德唱和，得《西苑杂咏和荪友韵》二十首。

康熙十五年（1676），严绳孙南归，纳兰性德作《送荪友》相送：

> 人生何如不相识，君老燕南我燕北，何如相逢不相合，更无别恨横胸臆。

　　留君不住我心苦，横门骊歌泪如雨。君行四月草萋萋，柳花桃花半委泥。

　　江流浩森江月堕，此时君亦应思我。我今落拓何所止？一事无成已如此。

　　平生纵有英雄血，无由一溅荆江水，荆江日落阵云低，横戈跃马今何时？

　　忽忆去年风雨夜，与君展卷论王霸。君今偃仰九龙间，吾欲从兹事耕稼。

　　芙蓉湖上芙蓉花，秋风未落如朝霞。君如载酒须尽醉，醉来不复思天涯。

　　这一首词颇有仓央嘉措"但曾相见便相知，相见何如不见时。安得与君相诀绝，免教生死作相思"之风，带着些许不甘，又带着些许离别的暗恨，心中那些复杂的情感都赋予了诗词中，而纳兰性德的这首《送荪友》，除却离别的凄楚外，更有对友人的祝愿，愿他归去后能够平生意尽，对酒当歌，过他想过的生活。

　　这首诗中写"芙蓉湖上芙蓉花，秋风未落如朝霞。"皆是纳兰性德的羡慕之情，他羡慕严绳孙能够抽身离去，超然于外物，而他，此身将背负纳兰家族的荣辱，决然不会过上那种"偃仰九龙间""事耕稼"一蓑一笠一江湖的悠闲生活。

　　紧接着又作《水龙吟·再送荪友南还》：

　　人生南北真如梦，但卧金山高处。白波东逝，鸟啼花落，任他日暮。别酒盈觞，一声将息，送君归去。便烟波万顷，半帆残月，几回首，相思苦。

可忆柴门深闭，玉绳低、蔚灯夜雨。浮生如此，别多会少，不如莫遇。愁对西轩，荔墙叶暗，黄昏风雨。更那堪几处，金戈铁马，把凄凉助。

上阕一句"人生南北"道破离别之情，自此以后天南地北，真是不忍离别。下阕回忆相识相知，一句"浮生如此，别多会少，不如莫遇"与前篇《送荪友》几句异曲同工。然而此首中却没了前篇那种羡慕之情，多了几分对自己的感怀，孤寂凄凉。

严绳孙归江南一年，纳兰性德又作《浣溪沙·寄严荪友》：

藕荡桥边理钓筒，苎萝西去五湖东，笔床茶灶太从容。

况有短墙银杏雨，更兼高阁玉兰风，画眉闲了画芙蓉。

相比于纳兰词的"凄凉顽艳"，这首词应该算是为数不多的明快曲调。猜想有人在江南的生活，颇有几分打趣意味，又不乏艳羡。

《临江仙·寄严荪友》也作于此年，云：

别后闲情何所寄，初莺早雁相思，如今憔悴异当时。飘零心事，残月落花知。

生小不知江上路，分明却到梁溪。匆匆刚欲话分携。香消梦冷，窗白一声鸡。

严绳孙的淡然注定了他与纳兰性德的其他江南朋友不同，纳兰性德在与其他朋友相交时，大多谈及诗词，只生死之交顾贞观，诗词之外又多谈及人生世事，而纳兰性德与严绳孙相处，谈及较多的却是政治。这一点，严绳孙在《哀词》中就曾经提起："初，容若年甚少，于世无所措意。既而论文之暇，闲与天下事，无所隐讳。……夫容若为吾师相国子，师方朝夕纶扉，以身系天下之望。容岩起科自寻擢侍殿陛益密，迩天子左右，人以为贵，近臣无容若者，夫从惊敏如彼而贵近若此。此其夙夜寅畏，视凡人臣之情，必有百倍而不敢即安者，人不得而知也。岁四月，余以将归，入辞容若时，坐无余人，相与叙生平之聚散，究人事之终始，语有所及，怆然伤怀久之。"

二人间的话题之所以能为"天下事"，大概是跟严绳孙那种不愿入仕的淡薄思想有所关联，这种思想与纳兰性德本身极其相近，但严绳孙因为身份的关系，显然比纳兰性德更要超脱几分。

在仕途一道，严绳孙不但不期盼，反而是能避则避。他虽未参与清廷开设的科举考试，但"江南三布衣的名号"已经名扬天下并且传进了康熙帝的耳中，所以在康熙十八年开设"博学鸿词科"时，自然没有遗落了他，被刑部主事俞陈琛举荐给了朝廷。

被举荐之后的严绳孙心中是十分不满意的，于是就给在京师的诸位大臣写了书信说："闻荐举，滥及贱名，某虽愚，自幼不希无妄之福。"即，我听闻这次博学鸿儒的名单中竟然涉及了我的名字，我常年野居，性格孤僻，不谙熟人情世事，打小就不期盼没来由的福气。

然而他的这番说辞并没有让他就此逃离"博学鸿儒"，反而迎来了"有司奉诏敦趣"，直接奉命来催促了。严绳孙依旧不想应试，于是亲自前往赴吏部，表示自己身患旧疾，不能应试。然而还是被驳回了，必须参加考试。

严绳孙这次上考场，可谓是被逼着上去的，更何况在这场"博学鸿词科"的考试中，他是最年长的一位，所以除了原本被硬逼着考试的不愉快之外，难免也有不愿同后生相争的意思。

那场考试要求考生们作赋、序、诗各一首，严绳孙仅仅做了一首《省耕诗》，便算是交了差。然而严绳孙一行求解脱，康熙帝却偏偏以为"史局中不可无此人"，单将他的试卷抽检出来，全国一百四十多名考生录取一等二等共五十名，便将严绳孙点作了二等末名，授翰林院检讨，令其纂修《明史》。

从严绳孙得知自己被举荐后写信辞试到前往吏部以患疾避试再到考试消极逃试，真可谓是手段百出，然而即便是这样的狂傲，康熙帝却不以为忤，依旧招揽，其中固然有拉拢江南士子和明朝遗士的意味，但这一举动难免打动了严绳孙，毕竟没有人能够拒绝上位者的"三顾茅庐"。后来严绳孙又历任日讲起居注官、山西乡试正考官、右中允兼翰林院编修、承德郎等职，对于康熙帝的赏识与恩泽难免铭感五内，于是作了一首《拜命后作》：

> 久为迂疏忆薜萝，职司清切更如何，百家同异源流远，一德都俞记载多。
> 懵学岂堪参作述，承恩始自悔蹉跎，筋骀肉缓平生事，愁问花砖日影过。

一句"承恩始自悔蹉跎"无疑是对上位者的一种感激。不过，严绳孙虽然是做了官，并且得到了康熙皇帝的赏识，一路高升，但他并没有如大多官场中人一般，迷醉其中，关心沉浮。相反，他时常感叹仕途险巇，颇有几分归隐的意味，如《岁暮杂感》中云：

> 每历喧争地，偏增懒惰情。于人宁尽失，顾我独何营。
> 手倦嵇康虱，心轻娄护鲭。那能持短刺，冲雪凤凰城。

大概正是因为严绳孙这种对官场的淡薄，才对于纳兰性德在仕途上的日渐苦闷才更为理解，于是二人常常能说到一起，交流各自的看法，想必在纳兰性德的所有朋友中，严绳孙在仕途上对他的理解是最深的。所以在纳兰性德随扈北巡时，严绳孙的祝词更多的是对友人的同情。试看《倦寻芳·送成容若扈从北行》：

> 凤城东去，一片斜阳，千里红叶。便不凄凉，早是凄凉时节。云骢便抛珠汗渍，桃花鞭影明灭。笑回头，有葡萄酒暖，当炉明月。
>
> 算此去金波正满，何处关山，玉笛吹裂。古镇黄花，看即满头须折。扈跸长杨人自好，翠帷未惯伤离别，只归来，古奚囊，尽添冰雪。

斜阳、红叶，皆是凄凉景色。"便不凄凉，早是凄凉时节"一句更是直接，怕之前的那斜阳红叶二物不能衬出深秋时节的萧条离索。那些"葡萄酒暖""当炉明月"的悠闲快意，都是"回头"的事。一面写现如今的萧瑟，一面写回头的欢欣，比照起来，更添苦楚。下阕则直接抒离别伤怀之情，整首词透露出的惆怅伤感不免令人歆歔，唯有感同身受，才能未雨绸缪。

写完一首送别词后，严绳孙尤感心中忧思未曾抒尽，于是又作《南乡子·再送容若》：

> 归语太匆匆，刚道看山落叶中。生把马蹄都衬着，猩红。应到重来更几重？今古望长空，明月山前月似弓，

浇酒长城饮马窟，英雄。输与儒生骂祖龙。

相比于最初的那首送别词，这一首则多了几分血性，更多的是感怀今古，后来纳兰性德到达山海关姜女庙，作了一首《浣溪沙》，"六王如梦祖龙非"一句，与严绳孙交相呼应。

尽管严绳孙围观淡薄，不争名利，然而在康熙二十三年，同以博学鸿儒入仕的朱彝尊和潘耒皆被弹劾。朱彝尊以辑《瀛洲道古录》，私钞宫内各地进书，被逐出内廷，移居宣武门南。潘耒因精敏敢言，被人所忌，最终以浮躁降职。这两人的结果让严绳孙对官场最终失去了信心。康熙二十四年（1685 年）四月，严绳孙急流勇退，向康熙帝请求"奉假南归"，离开京师这个喧争之地。

离京时，他写有一篇《春日荣恩予假南归》，诗云：

不是恩深便拂衣，涓埃生死报应稀。吴牛避热先愁喘，宋鹢冲风且退飞。
十载青云双凤阙，三春红雨一渔矶。去来我亦无心者，何必从人定是非。

可见其离京的决心，来去本无意，还是归去来兮尽人意。

这一年的四月，严绳孙与纳兰性德告别。纳兰性德作《别苏友口占》诗以示告别：

> 离亭人去落花空，潦倒怜君类转蓬。便是重来寻旧处，萧萧日暮白杨风。
>
> 半生余恨楚山孤，今夜送君君去吴。君去明年今夜月，清光犹照故人无？

这首诗中，悲凉之情满篇，明年今日，青光犹照故人无？一句感伤之语，却不想一语成谶。明年今日，已经是生死两别。

严绳孙决计没有想到他不过离京一月，得到的便是友人的噩耗。也从未想过那个年轻的友人会先他而去，一时"惝恍未忍信其遽然"，直到"有仆归自京师，骤诘其语，乃知吾友之亡信矣。"顿时悲痛万分。作《哀词》以悼。

严绳孙回到江南后，住在无锡县西洋溪畔，溪上有桥，叫藕荡桥。所以，他自称为"藕荡渔人"，他"工书善绘事，尤精画凤。晚岁，以诗文图书请者概不应，暇辄扫地焚香而已"。

康熙四十一年（1702年），严绳孙逝世，历世八十载。同举博学鸿儒，授翰林院检讨，参与修《明史》的尤侗作有《吊严绳孙》云：

> 梦断青绫罢夕熏，天涯芳草妒罗裙，即看荀令愁无限，迥识京陵意不群，
> 笛里关山官舍月，镜中金粉钓台云，而今腾沘龙门笔，自向彤编传左芬。

第五节　红楼梦的前世缘

　　籍甚平阳，羡奕叶流传芳誉。君不见山龙补衮，昔时兰署。饮罢石头城下水，移来燕子矶边树。倩一茎黄栋作三槐，趋庭处。

　　延夕月，承朝露。看手泽，深余慕。更凤毛才思，登高能赋。入梦凭将图绘写，留题合遣纱笼护、正绿阴、青子盼乌衣，来非暮。

　　　　　——纳兰性德《满江红·为曹子清题

　　　　　　其先人所构楝亭，亭在金陵署中》

　　康熙二十三年（1684 年）九月底，纳兰性德随扈下江南。十一月初，南巡至江宁，纳兰性德去拜访了一位老朋友——曹寅。

　　曹寅，字子清，号荔轩，又号楝亭，生于顺治十五年（1658 年）。康熙十一年（1672 年），应顺天乡试，中举人。在这一次顺天乡试中，后来被取为状元的韩菼以及纳兰性德、翁叔元、等人都同时中举，然而此时的曹寅，才十四岁，与同批举子相比，应该是年纪最小的一位，当真是少年英才。

　　曹寅的研究因曹雪芹《红楼梦》起，与纳兰性德的友谊探索也是自《红楼梦》开始。"红学"研究已百载有余，现今更是存有"贾宝玉的原型实际上乃是纳兰性德"的说法。

这一说法主要是因为《红楼梦》中贾家的兴衰荣辱与明珠家极为相似，以及"明珠家世说"。

追溯"明珠家世说"，赵烈文《能静居笔记》云："曹雪芹《红楼梦》，高庙末年，和以呈上，然不知其所指。高庙阅而然之，曰：'此盖为明珠家事作也。'"其中"高庙"指乾隆帝，"和"指和珅，即是乾隆帝看了和珅呈上去的《红楼梦》后说书中写的是康熙朝大学士明珠的家事，由此拉开了曹家与纳兰家的渊源的研究，也牵扯出了曹寅和纳兰性德的一段友谊。

在纳兰性德的朋友中，多数都是汉人，唯有曹寅和张纯修二人是旗籍汉人。自努尔哈赤创立八旗制度以来，"旗人"就成了满人的代名词，不过旗人中还有一些蒙古人和汉人。满清入关前，由于满人男丁不够，皇太极便将辽东一带的汉人编为八旗，以补充兵力，为其征战，称为"汉八旗军"。此外，旗人中还有一部分在战争中被掳掠的辽东百姓，八旗旗主将这些被掳汉人分配给手底各级军官或有战功的士兵充当奴仆，这部分汉人也入了旗籍，被称为"包衣"。

曹寅和张纯修二人的先祖均为正白旗"包衣"，隶属多尔衮。多尔衮死后，正白旗便被顺治帝收归麾下，称为皇帝亲自统帅的兵马，与两黄旗并称为上三旗。旗内自此无王，曹家也由此从"王府包衣"擢升为"内务府包衣"，曹寅的父亲曹玺更是由王府护卫升任内廷二等侍卫，护卫皇宫。

　　因曹寅的母亲孙氏是康熙帝的保母，所以曹寅中举后旋即入宫，作康熙帝的侍读，次年任侍卫。相比纳兰性德于康熙十六年才被授予三等侍卫，曹寅倒要早上许多。纳兰性德于曹寅同为侍卫，出入扈从，一直到康熙二十三年身处江南监理江宁织造的父亲曹玺亡故，曹寅才离开京城到江宁奔丧。从康熙十六年到康熙二十三年，曹寅与纳兰性德竟共事达八年之久。

　　《赁庑笔记》也有云："嗣阅……楝亭先生集，知与纳兰氏往还甚密，……"曹寅和纳兰性德的经历极为相似，同是随扈，又都是诗书之族出身，二人又有同为顺天举子的情意，这样两个人的情谊应当是极其要好的，然楝亭先生集版本众多，曹寅晚年时又加以修订，删减了众多年少时期的作品，所以在现今流传的楝亭集中，倒几乎寻不到两人友情的诗词唱和，想来，大概是因为两人在诗理词学的上的见解不同。

　　关于曹寅和纳兰性德的友谊，又有一说法是两家乃是世交。姚崇实先生在考证两人关系时做《纳兰性德与曹寅》，其中写到：

　　明珠与曹玺都是侍卫出身，明珠作过銮仪卫的官，曹玺也管过銮仪事；明珠任内务府郎中至康熙三年，曹玺作内务府工部郎中至康熙二年，可见，康熙二年以前，他们一直是同事，相互之间一定十分熟悉。康熙二年以后，明珠和曹玺不在一起了，但从他们后来的官职看，也应该仍有某些联系，仍然了解对方的情况。

姚崇实先生的这番论述，乃是由《清史稿》和《江宁府志》比照得来。《清史稿·纳兰明珠本传》记："明珠自侍卫授銮仪卫治仪正，迁内务府郎中，康熙三年擢总管，五年授弘文院学士，七年命阅淮扬河工，……旋授刑部尚书，改都察院左都御史，充经筵讲官，十一年迁兵部尚书，…… 十四年调吏部尚书，十六年授武英殿大学士，……"《江宁府志》中记曹玺："补侍卫之秩，随王师征山右建绩。世祖章皇帝拔入内廷二等侍卫，管銮仪事，升内工部。康熙二年，特简督理江宁织造。"

尽管表现曹寅和纳兰性德友谊的诗词很少，然而终究是有迹可循。

康熙二十一年（1682 年）正月十五上元夜，月蚀，纳兰性德与朱彝尊、陈维崧、严绳孙、顾贞观、姜宸英、吴兆骞、曹寅等共集花间草堂，饮宴赋诗。堂上列纱灯绘古迹，各指图作诗词。纳兰性德赋《水龙吟·题文姬图》词：

> 须知名士倾城，一般易到伤心处。柯亭响绝，四弦才断，恶风吹去。万里他乡，非生非死，此身良苦。对黄沙白草，呜呜卷叶，平生恨、从头谱。
>
> 应是瑶台伴侣，只多了、毡裘夫妇。严寒霢篥，几行乡泪，应声如雨。尺幅重披，玉颜千载，依然无主。怪人间厚福，天公尽付，痴儿騃女。

曹寅作《貂裘换酒》词：

> 野客真如鹜，九逵中，烟花刺蘙，嬉游谁阻。鸡壁
> 球场天下少，罗帕钿车无数。齐踏着，软红春土。背侧
> 冠儿捱不转，闹蛾儿耍到街斜处。捱遍了，梁州鼓。
>
> 一丸才向城头吐，白琉璃秋毫无缺，打头三五。市
> 色灯光争映发，平地鱼龙飞舞。早放尽，千门万户。蜡
> 泪衣香消未得，倩玉梅手捻从头诉。细画出，胭脂谱。

康熙二十三年（1684 年）纳兰性德随扈南巡时，曾拜访
曹寅，并为曹寅题跋《楝亭图卷》，作有《曹司空手植楝树
记》及《满江红》。其中《满江红》题注："为曹子清题其
先人所构楝亭，亭在金陵署中"。词云：

> 籍甚平阳，美奕叶流传芳誉。君不见山龙补衮，昔
> 时兰署。饮罢石头城下水，移来燕子矶边树。倩一茎黄
> 楝作三槐，趋庭处。
>
> 延夕月，承朝露。看手泽，深余慕。更凤毛才思，
> 登高能赋。入梦凭将图绘写，留题合遣纱笼护、正绿阴、
> 青子盼乌衣，来非暮。

从这首词中可以看出，纳兰性德对曹家的历史十分熟悉。
曹寅诗中也有述及纳兰者，如《题楝亭夜话图》：

> 紫雪冥蒙楝花老，蛙鸣厅事多青草。庐江太守访故
> 人，建康并驾能倾倒。

　　　　两家门第皆列戟，中年领郡稍迟早。文采风流政有
余，相逢甚欲抒怀抱。

　　　　于时亦有不速客，合坐清严斗炎燠。岂无炙鲤与寒
鹥，不乏蒸梨兼渝枣。

　　　　二篙用享古则然，宾酬主醉今诚少。忆昔宿卫明光
宫，楞伽山人貌姣好。

　　　　马曹狗监共嘲难，而今触痛伤枯槁。交情独剩张公
子，晚识施君通紒缟。

　　　　多闻直谅复奚疑，此乐不殊鱼在藻。始觉诗书是坦
途，未防车毂当行潦。

　　　　家家争唱饮水词，纳兰心事几曾知？斑丝廓落谁同
在？岑寂名场尔许时。

　　"忆昔宿卫明光宫，楞伽山人貌姣好。马曹狗监共嘲难，
而今触痛伤枯槁。"这句正是回忆两人在做侍卫的那段光景，
纳兰性德入上驷院，戏称"马曹"，曹寅供职銮仪卫并养鹰
鹞处，自嘲"狗监"，两人对彼此的境遇所感相似，经常在
一起嘲讽自己遭难，然而如今想起，已是时过境迁。当初一
起同在渌水亭花间草堂谈诗说词的朋友，如今却是"交情独
剩张公子"，竟然只剩下张纯修了。一句"家家争唱饮水词，
纳兰心事几曾知"的感怀，被后世唱遍。纳兰的心事，想必
经历相近的曹寅应该能够感受到几分的吧。

　　在上元月蚀众人集花间草堂指图赋诗的同年，曹寅与纳
兰性德同时扈从康熙帝东巡出关，更是同题吟咏。纳兰咏

《柳条边》诗：

> 是处垣篱防绝塞，角端西来画疆界。汉使今行虎落中，秦城合筑龙荒外。
>
> 龙荒虎落两依然，护得当时饮马泉。若使春风知别苦，不应吹到柳条边。

曹寅有《疏影·柳条边望月》（与康熙帝七绝同题）：

> 中天岑寂，直塞门西下，万里春色。羌笛休吹，马上儿郎，剗地又分南北。长条竟挽冰轮驻，三十万、一时沾臆。闻玉关，更远陌头，人老刀头还缺。
>
> 杳杳中华梦断，野山浮一线，海光萧瑟。漫说人间，事业凭谁，觅得雁奴消息？戈鋋卷起燕支雪，是妲娥，也应愁绝。待何时，跃马归来，重绾柔丝千尺！

纳兰作《青玉案·宿乌龙江》词：

> 东风卷地飘榆荚，才过了、连天雪。料得香闺香正彻。那知此夜，乌龙江畔，独对初三月。
>
> 多情不是偏多别，别为多情设。蝶梦百花花梦蝶。几时相见，西窗剪烛，细把而今说。

曹寅亦作《满江红·乌龙江看雨》词：

> 鹳井盘空，遮不住、断崖千尺。偏惹得、北风动地，

呼号喷吸。大野作声牛马走，荒江倒立鱼龙泣。看层层春树女墙边，藏旗帜。

蕨粉溢、鲥糟滴。蛮翠破，猩红湿。好一场莽雨，洗开沙碛。七百黄龙云角矗，一千鸭绿潮头直。怕凝眸，山错剑芒新，斜阳赤。

这几首诗词皆表现了作者对扈从伴驾生涯有厌倦情绪，对家乡和故人的思念。

《楝亭诗钞》卷四有《墨兰歌》，开头作小序："为见阳太守赋，见阳每画兰，必书容若词。"见阳是张纯修的字，这首诗应该是写给张纯修的。赞张纯修画"别样萧疏墨有声"，继而又言"可怜侧帽楼中客，不在薰炉烟外听。"可见从前三人相交时候，纳兰性德也是极其喜爱张纯修的画作，可惜再也不能汇聚一堂共赏佳作了。诗中写道"太虚游刃不见纸，万首自跋纳兰词。交渝金石真能久，岁寒何必求三友。"可见张纯修、纳兰性德与曹寅三人感情笃厚。

纳兰故后近十年，曹寅因公务过无锡，访顾贞观宅园，有诗《惠山题壁》，提及顾园中"新咏堂"为"故友成容若手书"，并被顾邀请濯足一游。可见曹顾二人亦有匪浅相交。纳兰在世时，三人当有不少往来。

曹寅奔赴江宁奔丧，仅管理江宁织造一年，次年五月就回了京城，然而未料，他才刚刚回来，纳兰性德紧接着就因"七日不汗"逝世。

第五卷

仕　途
率土之滨，莫非王臣

　　"春风得意马蹄疾，一日看尽长安花"自古以来都是文人学士的梦想。所谓"学而优则仕"，若是不能出入朝堂，封侯拜相，似乎读书就成了没有意义的事情。纳兰性德自小学习汉文化，儒家的这种观点，自然深深的感染着他。再则，他的家世，叶赫那拉氏的背景加上明珠日益显贵，注定了他走的只能是入仕这条道路。

　　纳兰性德从出生起，即被父亲培养着，文武兼修，等到他十七岁的时候更是让他进入太学学习，以备科考。纳兰性德十八岁时便成功通过了顺天乡试，十九岁时更是通过了会试，然而就在即将要殿试的时候，纳兰性德却因为一场寒疾，卧病在床而错过了这场考试，终究与官场无缘，于是写下这首《幸举礼闱以病未与廷试》：

> 晓榻茶烟揽鬓丝，万春园里误春期。
> 谁知江上题名日，虚拟兰成射策时。
> 紫陌无游非隔面，玉阶有梦镇愁眉。
> 漳滨强对新红杏，一夜东风感旧知。

对于没能参与廷试，失去了这一次的机会，纳兰性德是遗憾苦闷的，然而这首诗中也不完全是苦闷，更有几分他对自己的自信，并不是他的才学比不上旁人，只是因为生病错过了机会而已。很快，纳兰性德在父亲明珠和老师徐乾学的支持下开始编撰《通志堂经解》，这更是为他带来了名气。

三年后，也就是在康熙十五年（1676 年），二十二岁的纳兰性德再一次踏入了考场，这一场三月春闱，纳兰性德不负众望地中了二甲第七名进士。

纳兰性德中进士后，一直盛传着将参与馆选为官的说法，然而却没什么更为确切的消息了。纳兰性德在家待职一年，闭门扫轨，益肆力于诗歌古文辞。这一年中，他结识了江南顾贞观，开始筹措营救吴兆骞的事情，并且潜心读书，刻《侧帽集》，又开始与顾贞观合编《今词初集》。

这一年的时间很漫长，漫长到他最爱的妻子离开了他，漫长到他的父亲纳兰明珠由吏部尚书官拜武英殿大学士，成为一代权臣，漫长到他终于有了任命，被选授为三等侍卫，扈从皇帝出入。

纳兰性德终于入仕了。侍卫这样的职务并非是纳兰性德所钟意的，尽管皇帝的身边人是一个万人艳羡的美差，可对于他来说，他最初的想法乃是从戎，后来又想出入朝堂，做个官吏，而不是现在这种随声近侍，听候差遣。

入仕，让纳兰性德走入了一个新的世界，同时，也关闭了他的另一个世界——理想主义构建的纯粹的世界——那个他曾经一直期盼着的企图在那里有所作为的世界。

第一节　御前儿郎随驾巡

> 山一程，水一程，身向榆关那畔行，夜深千帐灯。
> 风一更，雪一更，聒碎乡心梦不成，故园无此声。
>
> ——纳兰性德《长相思》

读纳兰性德的词，大多数都是情意绵绵，少有波澜壮阔的塞外入词，这一首《长相思》也就更加显得难能可贵些。王国维也曾在《人间词话》中说：

"明月照积雪""大江流日夜""中天悬明月""黄河落日圆"，此种境界，可谓千古壮观。求之于词，唯纳兰容若塞上之作，如《长相思》之"夜深千帐灯"、《如梦令》之

"万帐穹庐人醉，星影摇摇欲坠"差近之。

《长相思》和《如梦令》皆作于康熙二十一年（1682年）东巡途中。

东巡始于康熙。

历朝历代，天子出巡都被视作一场重大政治活动。清军入主中原后，顺治帝福临便一直想要回盛京看看，同时拜谒祖陵，于是在顺治十一年（1655年）降下谕旨，想要年初成行。然而因为京畿内出现水灾且南征大军尚未师还，又因为皇室宗亲乃是大臣劝阻，顺治帝迫于"盗贼未靖，师旅繁兴"，只能作罢，俟他年有暇再行展谒，然而直到顺治十八年（1661年），终其一生也始终没有实现他东巡的愿望。直到康熙承位，降旨礼部：

> 朕仰体世祖章皇帝遗志，欲躬之诣太祖太宗山陵展祭，以告成功。前命议政王贝勒大臣会议，议政王等以去年各处多有水旱灾荒，且为时甚迫，应用之物预备不及，具题暂行停止。今思太祖太宗创业垂统，功德隆盛，山陵在望，刻不能忘。去年恭谒孝陵礼成，今已数月，若再久沿，孝思莫殚，朕怀靡宁。兹当海内无事，欲乘此躬谒福陵昭陵以告成功，用展孝思。

康熙十年（1671年），十八岁的康熙帝玄烨踏上了东巡的道路，成全了父亲的遗志。

康熙二十年（1771年）"三藩之乱"平息，康熙帝尤为高兴，于是在此拟定东巡，决定出关到祖陵行告祭礼。当然，除了告祭先祖，拜谒陵寝外，此行还有一个重要的目的，那便是考察民情吏治及边备敌情。

康熙的这一次东巡，后宫中的三位后妃以及皇太子胤礽也在行，共约七万人，经三河、蓟州、玉田等地，于二月十七日初春时节到达了孝陵——顺治帝福临的陵墓。东巡一直是顺治帝的愿望，然而穷极一生，终究没能实现这个心愿，康熙帝即位之后，这个愿望终于实现了，这一次这个年轻的帝王更是平定了"三藩之乱"，让大清朝内一片肃清，这样的功绩，他自然要告诉他的父亲知晓。

这期间，东巡的队伍到达长城，康熙帝下令在长城脚下驻扎欣赏那长城外的美景。纳兰性德陪伴在侧，面对故景旧地，不免想起了那段遥远的两千年前的历史，秦始皇修长城，又想起了百姓苦厄，于是作下了这首《浣溪沙·姜女庙》：

> 海色残阳影断霓，寒涛日夜女郎祠。翠钿尘网上蛛丝。
>
> 澄海楼高空极目，望夫石在且留题。六王如梦祖龙非。

孝陵祭祀后已是三月底，圣驾出了山海关，沿途以打猎为乐，经宁远州、锦县，大凌河、辽河等地，终于在三月初四抵达了到福陵、昭陵。福陵、昭陵和永陵合称为"关外三陵"，是清朝皇帝的祖陵。康熙领着宗室和大臣首先祭拜了埋葬太祖皇帝努尔哈赤、皇后叶赫那拉氏以及大妃乌喇纳拉氏的福陵，亲笔撰写《大清福陵神功圣德碑》追颂先祖功绩，接着又前往昭陵祭祀太宗皇帝皇太极。这两次祭拜一共用了五天时间，康熙谕旨关外大赦："山海关以外，及宁古塔等处地方，官吏军民人等，除十恶死罪不赦外，其余已结未结，一切死罪，俱著减等发落。军流徒杖等犯，悉准赦免。"此外，"奉天锦州二府属，康熙二十一年（1772 年）地丁正项钱粮，著通行蠲豁。其官役垫补包赔等项应追银两，察果家产尽绝，亦并豁免。

之后，康谢北上前往埋葬清王朝六位先祖的关外第一陵——永陵祭拜，考察乌喇地区。祭祖之后，康熙帝继续东巡，向吉林而去，完成他此次东巡最主要的目的——考察军情，着手抵御罗刹国的侵犯。

三月二十五日，康熙帝一行人到达吉林，他率文武百官和皇子在松花江岸边向东南方向的"龙兴之地"——长白山进行祭拜。三月二十七日，二百余艘船队泛舟松花江上，康熙帝有感而发，写下了一首《松花江放船歌》：

> 松花江，江水清，夜来雨过春涛生，浪花叠锦绣谷明。
>
> 彩帆画鹢随风轻，箫韶小奏中流鸣，苍岩翠壁两岸横。

浮云耀日何晶晶，乘流直下蛟龙惊，连樯接舰屯江城。

貔貅健甲皆锐精，旌旄映水翻朱缨，我来问俗非现兵。

松花江，江水清，浩浩瀚瀚冲波行，云霞万里开澄泓。

这一首放船歌中，康熙帝是那样的快意，在他的心中，只怕这快意不仅仅只是因着那松花江的层层叠浪，也并非全是彩帆画舫的壮阔惊澜，更有一份君临天下的自豪与满足。因为这里，曾经不属于他们爱新觉罗部落。松花江畔的小兀喇，那是叶赫旧地。

纳兰性德看着这片先祖的江山，心底感慨万千，只能作一首《浣溪沙·小兀喇》来诉说自己那无以言明的苦涩：

桦屋鱼衣柳作城，蛟龙鳞动浪花腥，飞扬应逐海东青。

犹记当年军垒迹，不知何处梵钟声，莫将兴废话分明。

同样的场景，同样的时刻，然而相较于康熙的那首满篇皆是欢乐曲调的《松花江放船歌》，纳兰性德的这首《浣溪沙·小兀喇》明显是低沉悲伤的。

桦树筑造的屋室、鱼皮裁制的衣裳、如同城墙的杨柳……这是松花江畔如今的景象；松花江中，蛟龙翻动，搅起朵朵带着水腥气的浪花；碧海青天之上，雄猛的海东青振翅高飞，最是神采。他看到这样的壮丽河山，不觉便想到了曾经的故土，曾经这里居住过的祖祖辈辈。这脚下的，是他们叶赫一族的土壤，他的记忆中犹能回想起那听说过的当年叶赫部与爱新觉罗部在这里交战时的金戈铁马，那些故去的荣华，从来都没有从他叶赫那拉氏的血脉中褪去，他此刻的心境应当就犹如这江中被翻腾起的浪花一样，不能平息，直到那不知何处而来的一声梵钟声响，如同晴空万里里突然下起的一滴小雨，瞬间让他清明过来。

过去了，一切都已经变成了陈迹。他可以继续是叶赫那拉氏的子孙，只是叶赫那拉不再是这片土地上的王者，当今天下的至尊，此刻就站在他的身边，他是他的臣民。

那最后的一句"莫将兴废话分明"是那样的哀情，饱含了热泪却不能流出眼眶，已经涌上了喉头间的话语只得辛苦地吞咽下去。

兴废，从来如大江东去，浪沙淘尽了而已。

除却对故地和那段已经被历史湮没了的家族兴衰的感叹外，随扈在外还让纳兰性德十分想念故园。于是有了《长相思》：

山一程，水一程，身向榆关那畔行，夜深千帐灯。

风一更，雪一更，聒碎乡心梦不成，故园无此声。

这一年，纳兰性德已经二十八岁了，侍卫生涯已经历经六载岁月，他本是一个习惯了自己支配生活的人，这种当差听候差遣的生活实在太过无趣，对此，他感到了与日俱增的烦厌。再加上随军关外的这种自带萧条的行程，让他从心底生出一股难以言说的涩然凄苦。《长相思》上阕开头便写"山一程，水一程，身向榆关那畔行"，虽只字未言行军辛苦，却能够从这山水一程又一程中体味出他们是如何跋山涉水，翻山越岭的往关外行去。"夜深千帐灯"更是千古壮丽中夹着万缕愁绪，灯是暖的，而心却是寒的，这一暖一寒之间，写尽了挣扎和纠缠，更是对扈从生涯的一种深深的无奈和无聊的写照。

下阕已经是风雪交加之景越发衬出一股悲凉，本就因为路途漫漫而倦怠不堪，天气还如此恶劣，这样的情景之下，一句"聒碎乡心梦不成"再自然不过，对家乡的怀念让人夜不能寐，因为"故园无此声"。在京城，断不会如此。这种漂泊离落、梦回故园以及对于仕途的厌烦的心境，构成了纳兰性德这一阶段词里行间的那种无聊萧瑟。在他的《如梦令》中，亦是如此：

万帐穹庐人醉，星影摇摇欲坠，归梦隔狼河，又被河声搅碎。

还睡、还睡，解道醒来无味。

一句"还睡、还睡，解道醒来无味。"若非历经人世，看惯百态，是决计写不出这样萧条的句子来的。这种萧条，是一种对人世没有丝毫眷念的百无聊赖，与其醒来时候又要面对这索无味的世界，倒真不如一直睡觉来得好。这一种沉沦和对自我的放逐，大概只有那句李白《将进酒》中"但愿长醉不复醒"差可比拟把。

此外还有《菩萨蛮》一首，对于故园的思念更甚：

问君何事轻离别，一年能几团栾月。杨柳乍如丝，故园春尽时。

春归归不得，两桨松花隔。旧事逐寒潮，啼鹃恨未消。

上阕由一句饱含着惆怅不忍又似乎带着几分不甘的疑问开头，接以"一年能几团栾月"的感叹，不经意间便将那种"何以别离"的幽怨之情展现了出来，人生本来就难以逢上几处月圆之时，却偏偏又要分离，其怅叹离多会少之情跃然纸上。杨柳如丝正是春尽之时，他却依旧还在随驾，这种归不得、不能返还家园与家人享受月圆之夜的愁怀令纳兰性德感到恼恨心冷，松花江上又追思起了往事，心绪的起伏不免更大，由此迸发出那最后带着血泪的一句"啼鹃恨未消"，心中怀有的感触，便是那杜鹃啼血也不能完全说尽。此中流露出的厌于扈从的心情，几乎已经到了顶端。

在这次历时八十天之久的东巡中，康熙帝虽自言"我来问俗非观兵"，但实际上对东北边境的情况作了深入考察，检阅吉林水师，并开始着手部署对越过乌拉尔山逐渐东侵并且危害边境的罗刹国的防御。

康熙一生征战，善于骑射，在这次东巡之中，不仅完成了祭祀先祖、勘查军情的任务，更是在盛京和吉林组织了数次围猎，十分尽兴。这一年的五月，康熙帝一行在向福陵、昭陵辞别后，启程返京。纳兰性德终于在不久后再度踏上那个从二月离开后就叫他十分想念的京城。

第二节　丹心赤胆觇梭龙

> 又到绿杨曾折处，不语垂鞭，踏遍清秋路。衰草连天无意绪，雁声远向萧关去。
>
> 不恨天涯行役苦，只恨西风，吹梦成今古。明日客程还几许，沾衣况是新寒雨。

> ——纳兰性德《蝶恋花》

纳兰性德一生随侍君王左右，对于自己的这种生活，他是极其不满意的，然而倘使有一桩事情是令他感到愉快的，那估计就是觇梭龙。

梭龙，即索伦，位于黑龙江一带，是当时对黑龙江上游鄂温克、鄂伦春、达斡尔等民族的统称。觇梭龙则是对这个地区进行侦察和联络、宣抚当地唆龙部各民族。

　　黑龙江流域自古以来就是中国的领土，从唐代到明代都设置有行政机构进行管辖，是满族人一直居住的故土。清朝建立之后，更是对这片土地加强了统治，除设盛京将军、宁古塔将军和黑龙江将军外，还把当地居民编为八旗。然而十六世纪初，俄罗斯统治者逐步对外侵略扩张，明崇祯五年（1632年），沙俄建立了南下侵略中国的主要基地——雅库茨克城，从此便不断入侵中国黑龙江流域，烧杀抢劫，四处蚕食。

　　顺治末年至康熙初年，清廷一直忙于入主中原和平定三藩之乱，无暇顾及黑龙江一带，沙俄便趁机侵占了尼布楚和雅克萨等地，并在此构筑寨堡，设置工事，不断侵扰中国的索伦、赫哲、飞牙喀等部落。

　　康熙二十一年（1772年），康熙帝以东巡的名义，打着"我来问俗非观兵"的旗号，对东北的军情进行了一番了解，归京后就立即着手抗击沙俄的侵略部署，加强边地军事力量，加快松花江上运粮等缜密筹备，决定调遣乌喇、宁古塔的兵力于黑龙江、呼马尔等处，并建立驿站和粮站，开辟水陆交通线，制造军用战船。此外，为了进一步了解沙俄的居址形势，为战争做准备，康熙帝给正白旗副都统郎坦、彭春等人降下谕旨，积极布署抗击沙俄的军事准备及侦查活动。

　　纳兰性德作为随行侍卫，也参与了这一次的侦查行动。

他在长期的侍卫生活中，多次扈从康熙出巡，在那些随扈出巡的生涯里，他所感受到的只是无聊和束缚以及供人差遣的苦闷，除此之外便是身在异乡对故园的浓厚思念，所以才有了"夜深千帐灯"和"万帐穹庐人醉"这等千古壮观的词句，然而这一次同他过往的随扈出巡有着本质上的差别，这一次，他不在需要听从谁的命令，他是自由的。这种自由，纳兰性德在未进入官场之前曾一直拥有，成为御前侍卫之后，他便再也没有一刻觉得自己是自由的。这种旁人求之不得的恩宠对于纳兰性德来说确实一种让他备受煎熬的束缚，束缚了他的自由，不过是让他见识到官场的黑暗复杂，让他对这个官场越来越失望罢了。

他几乎将自己所有的时间都贡献了出去，而他自己，只剩下了一怀愁绪。

彼时，纳兰明珠深受康熙荣宠信任，位居相位，纳兰性德也因其才学被康熙所看重，让他随侍左右，以便提携。从这一次的觇梭龙事件就可以看出康熙对纳兰性德有重用之意。

明代对军事行动，将军出征作战，皇帝派有监军督导之，清代对将军之出征军事行动虽无监军但皇帝一般派有亲信侍卫随从，了解将军之行事，并且直接报告皇帝。纳兰性德与朗坦，彭春同时执行同一任务，但是纳兰性德是康熙皇帝派去的侍卫，由此可见康熙帝对纳兰性德的信任。

郎坦、彭春等人于八月二十五陛辞，率兵启程前往，纳兰性德一直到九月才出发。他此去身负重则，有难免有陷入险境的危机，于是在京的友人纷纷前来相送，徐乾学、姜宸英等人更有诗词相祝愿。

徐乾学作有《送行诗》：

丁零逾鹿寒，敕勒过龙沙。绝漠三狄暮，穷阴万里非。

行边催羽骑，乘郭咽霜笳。地轴图经外，车书总一家。

姜宸英作有《宿燕郊，送容若奉使西域》：

吹笳落日乱山低，帐饮连宵惜解携；别梦已经千里雁，征心惟听五更鸡。

侍中诏许离丹禁，都护声先过月题，今看乌孙早入质，蒲桃苜蓿正东西。

纳兰性德这一次侦察梭龙，从北京出发，取道松花江，人马行冰上，历经千难万险，劳苦万状，抵达梭龙边界。此次梭龙之行，纳兰性德的友人经岩叔亦随往绘制地图，一路上纳兰性德作诗词数十首，而经岩叔则喜作画，一文一墨更是让纳兰性德的心境有了很大的变化，这种变化是带着血性和活气儿的，尽管依旧带着些他惯有的悲凉的颜色。如《蝶恋花》：

又到绿杨曾折处，不语垂鞭，踏遍清秋路。衰草连天无意绪，雁声远向萧关去。

不恨天涯行役苦，只恨西风，吹梦成今古。明日客程还几许，沾衣况是新寒雨。

这是一首旧地重游怀念友人的词，虽有连天衰草、萧关雁声，但却也有明日和新雨，这一旧一新，一萧条一蓬勃的交错，让整首词的基调不再如他随扈出巡时候的那种独悲，虽有哀婉，却于哀婉的深处，发现了一缕缕对明日的盼望。这大概便是自由给予他的一种由衷的畅快吧。

不过经岩叔并未与纳兰性德同行多久，到十月十五日两人就告别了，经岩叔先行返还京师，纳兰性德有《蝶恋花·十月望日与经岩叔别》词送之：

尽日惊风吹木叶，极目嵯峨，一丈天山雪。去去丁零愁不绝，那堪客里还伤别。

若道客愁容易辍，除是朱颜，不共春销歇。一纸乡书和泪摺，红闺此夜团圆月。

在此之前，还写有《唉龙与经岩叔夜话》诗，其中写道："地域当长宵，欲言冰在齿。生不赴边庭，苦寒宁识此？草色霜气重，沙黄月色死。哀鸿失其群，冻翮飞不起。谁持《花间集》，一灯毡帐中。"索伦地区天寒地冻，滴水成冰，前沿阵地更是危险重重，在这样艰辛危险的情况下，纳兰性德依旧手不释卷、泰然自若，胜似闲庭信步。

郎坦、彭春率纳兰性德等一行近二百人，沿驿道由山海关出辽东，经吉林至墨尔根。从墨尔根向北至雅克萨为兴安山脉，山林密布，再无道路，更无村屯聚落。时又近寒冬，侦察队在当地达斡尔、鄂温克等少数民族向导带领下，爬冰卧雪，穿林涉谷，对黑龙江上游雅克萨地区沙俄军事部署进行详细侦察。

十二月二十七，郎坦、彭春等自索伦还，以罗刹情形具奏："罗刹久踞雅克萨，恃有木城。若发兵三千，与红衣炮二十，即可攻取。陆行自兴安岭以往，林木丛杂，冬雪坚冰，夏雨泥淖，惟轻装可行。自雅克萨还至爱辉城，于黑龙江顺流行船，仅需半月，逆流行船，约需三月，倍于陆行，期于运粮饷、军器、辎重为便。现有大船四十、小船二十六，宜增造小船五十余应用。"

康熙皇帝对这次侦察比较满意，上谕曰："郎坦等奏攻取罗刹甚易，朕亦以为然。第兵非善事，宜暂停攻取。调乌拉、宁古塔兵千五百人，并制造船舰，发红衣炮、鸟枪教之演习。於爱珲、呼玛尔二地建木城，与之对垒，相机举行。所需军粮，取诸科尔沁十旗及锡伯、乌拉官屯，约得一万二千石，可支三年。爱珲城距索伦五宿可至，其间设一驿。俟我兵将至精奇里乌拉，令索伦供牛羊。如此，则罗刹不得纳我逋逃，而彼之逋逃且络绎来归，自不能久存矣。"寻擢郎坦前锋统领。

而纳兰性德，作为皇帝亲信参与的这次侦察活动，为清廷的军事部署和制订战略计划提供了重要依据，为雅克萨之战的胜利奠定了基础。

纳兰性德这次觇索伦，在出色完成任务的同时还写下许多雄浑悲壮、苍凉悠远、意境独特的边塞词。按赵秀亭、冯统一所著《纳兰性德行年录》记载，这一年纳兰性德作诗十二首，填词二十六阙，其中有许多诗词是这次觇索伦所作，反映了当时的塞外风光、戎马艰辛和离愁别绪之情。

《菩萨蛮》："毡幕绕牛羊，敲冰饮潼浆"。无多修饰，平实自然，读来倍感亲切。蔡嵩云《柯亭词论》曾说其："尤工写塞外之景，殆扈从时所亲历，故言之亲切如此。"纳兰性德此行虽然备尝艰辛，但他以国事为重，不以边塞为苦，且有感而发悉心创作，可见丰富的生活阅历才是创作的源泉。

> 古木向人秋，惊蓬掠鬓稠。是重阳、何处堪愁。记得当年惆怅事，正风雨，下南楼。
> 断梦几能留，香魂一哭休。怪凉蝉、空满衾裯。霜落乌啼浑不睡，偏想出，旧风流。
>
> ——《南楼令·塞外重九》

这一首《南楼令·塞外重九》写出了塞上又逢重九的伤感。作于何年亦未详。上阕写塞外重九日之景，蓬草联飞，萧疏荒凉。而此景又触动了离愁与相思，遂忆起当年重九的往事，惆怅之情怀就更加深浓了。下阕写此时相思之情状。

先是写梦断忆梦，本来梦中妻子音容宛然，但却"一笑"而别，好梦难留了。接下去则以"凉蝉"、"籍落乌啼"等情景再加烘托，其愁怀难耐，孤寂无聊，便更为深切动人。

> 野宿近荒城，砧杵无声。月低霜重莫闲行，过尽征鸿书未寄，梦又难凭。
> 身世等浮萍，病为愁成。寒宵一片枕前冰，料得绮窗孤睡觉，一倍关情。
>
> ——《浪淘沙》

野宿、荒城、月低、霜重，在这样的夜里，对故园和故人的思念越发深沉。虽然鸿雁过尽，然而书信不达；纵有好梦也难遣愁怀。下阕推开去写身世之感和此刻的凄清孤独，愁苦成病。后三句则转为从对方写来，料想此时闺中的妻子更会伤情动感，这就加倍地表达出相思的恨怨之情。

此次梭龙之行，纳兰性德从九月份到腊月下旬才返还，历时四月有余，为雅克萨之战的胜利获取了第一手材料，却是他此生唯一一次真正的参加军事行动，唯一一次实现自己从前理想中的那种"沙场秋点兵"的愿望。可是纳兰性德自归来以后，康熙帝并没有将他调任，依旧只是御前侍卫。这其中的缘由，或许是因为此时的明珠已经由武英殿大学士加一级，被加赠了太子太傅衔，纳兰家已经权势滔天，如若纳兰性德再入官场，不免有些叫上位者担忧。

纳兰性德随队自墨尔根北向觇索伦三年后，也就是康熙二十四年（1685 年）中俄爆发雅克萨之战，纳兰性德等开拓的这条墨尔根北行兴安岭的道路作为传递军情的驿路，为彻底击溃沙俄入侵发挥了重要作用，此路被称"奏捷之驿"。

康熙二十八年（1689 年）沙俄与中国签订了《尼布楚条约》，收回原本被沙俄侵占的黑龙江和乌苏里江流域大片领土，只是这一刻，纳兰性德终究无缘得见。

第三节　海欧无事，闲飞闲宿

> 问我何心？却构此、三椽茅屋。可学得、海鸥无事，闲飞闲宿。百感都随流水去，一身还被浮名束。误东风、迟日杏花天，红牙曲。
>
> 尘土梦，蕉中鹿。翻覆手，看棋局。且耽闲殢酒，消他薄福。雪后谁遮檐角翠，雨余好种墙阴绿。有些些、欲说向寒宵，西窗烛。
>
> ——纳兰性德《满江红·茅屋新成，却赋》

康熙十七年（1677 年），纳兰性德的至交好友南归，妻子卢氏又离他而去，纳兰性德心境沉郁，开对佛法产生了兴趣，他的号"楞伽山人"就是来自于《楞严经》。"佛说楞伽好，年来自署名。几曾忘夙慧，早已生他悟。"这是他的好友梁佩兰在他离世后写的哀诗。

《楞严经》全称为《大佛顶如来密因修证了义诸菩萨万

行首楞严经》，又称《首楞严经》《大佛顶经》《大佛顶首楞严经》《中印度那烂陀大道场经》等，是著名的佛教经典。此经的三大主旨为悟本体、持心戒及修大定。对于《楞严经》，纳兰性德曾经反复研读，他的《渌水亭杂识》中就多次记载了他学习的笔记。由此可以看出，纳兰性德在二十四岁的时候就已经对尘世有了厌恶，企图通过研习佛经找到属于他的理想中的未染纤尘的世界。

这首《满江红·茅屋新成，却赋》便是他希望自己远离尘世，归隐山林，做个闲飞闲宿的海鸥的体现。

康熙十七年（1678 年），纳兰性德在明珠府花园的渌水亭旁修筑茅屋，次年茅屋筑成，又称花间草堂。渌水亭依山临水，垂柳、菱荷、稻菽千顷，颇有江南水乡情致，由此才成为纳兰性德最为喜爱钟情之地，修学、养病和会友都在渌水亭中进行。

这三间茅屋是纳兰性德为顾贞观所修葺的，彼时顾贞观还在江南，纳兰性德便作了这首《满江红·茅屋新成，却赋》寄给他。

问我是为了什么要来造这三间草房？那是因为他想要如同海鸥那般，闲飞闲宿，自由自在的生活，不被凡尘俗世侵扰。古人常用"盟鸥""鸥侣"来比喻隐居之人，或引申为寄情山水，淡泊功名，与世无争的人生态度，如"也欲访梅湖畔去，黄尘满袖欲盟鸥"，"久住西湖梦亦佳，鹭朋鸥侣自烟沙"。隐居，这是纳兰性德的心之所向。他想要将心中交集的百感都付与流水，永远不要再归来，想要抛开这人世浮名的束缚，得一颗自由的心。人生如梦，变幻无常，不如对酒当歌，"耽闲殢酒"。

他在第二年《寄梁汾并葺茅屋以招之》一诗中写到："三年此离别，作客滞何方？随意一尊酒，殷勤看夕阳。世谁容皎洁，天特任疏狂。聚首羡麋鹿，为君构草堂。"除了对好友的想念外，也描绘了一副在夕阳之下饮酒作乐的设想生活，"世谁容皎洁，天特任疏狂"一句更是直接表现了他对这种自由生活的由衷向往。

这一年纳兰性德三十岁，自他二十二岁殿试之后被授三等侍卫起，在仕途一道，已经待了八年了。这八年里，他日日守在天子跟前，见惯了官场的复杂和人心的暗黑，他已经疲倦了，疲倦得对生命都感到了一种无聊。

他的这种无聊和退隐之心，主要是来自于他那天生忧郁的性格、佛家思想的影响以及入仕之后对官场的失望。

"予生未三十，忧愁居其半。心事如落花，春风吹已断。"纳兰性德在《若相惜》一诗中这样写着。还没有到三十岁的年纪，便有一半的时间是在忧愁，他会感念落花的忧伤，会在春日的茵绿意气下想到秋日的枯黄萧瑟，就像他本生于朱门宅院，本该是无忧无虑，却天生就带着一种惆怅。或许正是如此，才成全了他的一片赤子之心，以及那颗赤子之心所写出来的文字。同样的，也是因为这颗有别于他人的赤子之心，才让他感到这浊世的沉重，感到那封建制度的种种森严礼法的束缚，以至于叫他夹生在他理想的桃花源和现实的这两个极大的反差之中，以至时不时产生"不如归去"的渔樵情结。

纵观纳兰性德这短暂的一生，不难看出他最初的时候是一直怀着满腔政治热情的，坚持着儒家"学而优则仕"的理想。纳兰性德读书到二十二岁中了进士，一心想要步入仕途，经世治国，然而康熙竟然放置不离，既没有直接委派官职，又没有让其馆选，等到他的父亲纳兰明珠入秉均，成为武英殿大学士之后，才因为"世家子"的身份，授予了他三等侍卫，御殿则在帝左右，扈从则给事起居……而御前侍卫的这个职位，并不是纳兰性德想要的。他想要的，是儒家的那种通过学而优则仕的过程，实现治国平天下的理想。他的仕途最开始，就偏离了他原本以为的，并且已经做好了准备的道路。所以他只能借用诗词，聊以慰藉那颗无可奈何的心。如《瑞鹤仙·丙辰生日自寿》：

> 马齿加长矣，枉碌碌乾坤，问汝何事。浮名总如水。拼樽前杯酒，一生长醉。残阳影里，问归鸿、归来也未。又随缘、去住无心，冷眼华亭鹤唳。
>
> 无寐。宿酲犹在，小玉来言，日高花睡。明月阑干，曾说与，应须记。是蛾眉便自、供人嫉妒，风雨飘残花蕊。叹光阴、老我无能，长歌而已。

由词题"丙辰生日"可知，这首词作于康熙十五年的十二月，此时他已经被挑选成为了皇帝身前的侍卫，然而这种用非所长，时光的流逝使他焦急，年龄的增长而壮志未酬，内心的冲突致使心绪烦乱，他无可奈何地咏叹："浮名总如水""且随缘、去住无心"，看得出来，此时的纳兰，政治热情已经淡如白水。

清朝的侍卫都是从上三旗子弟中挑选，纳兰性德初任侍卫便当值乾清门，从帝王的手中接过谕旨到乾清门外宣读，对于许多旗人来说，能够御前当值御前，这是一件无上荣耀的事，然而对于纳兰性德，这样的荣耀却完全占据了他的时间，以至于他不能再如从前那般摆弄文字，提升他在文学上的造诣。这样的一个官职，无疑是打破了他的理想，可是他却又不能拒绝，最是烦忧的莫过于此了。

康熙帝是一代明君，纳兰性德对这个跟自己同岁的帝王一直怀着敬仰，更何况康熙帝还颇好风雅，纳兰性德随侍他身边本来应当是如鱼得水的，毕竟天子每有吟兴，纳兰性德总能随即唱和，出口成章。只是纳兰性德的骨血里毕竟流淌着叶赫那拉氏的血液。那是一种不甘匍匐人下，追求最原始的心的自由的血液，纳兰性德向往自由，所以才有韩菼说他是"身在高门广厦，常有山泽鱼鸟之思"。

威严的紫禁城对于纳兰性德来说，和一个束缚自由的笼子没有什么区别，纵然它是由金丝银线编织而成，纵然几乎所有的鸟儿都想要往里钻，但纳兰性德的心愿却是出去。飞出鸟笼，他才能够得到他的自由。

官场自古便有"宦海"这样的说法，一如宦场深似海。纳兰性德身陷入其中，由他的性格和他的理想所带来的苦闷常常使他感到窒息。他想要如陶渊明那样，挂冠而去，过着"结庐在人境，而无车马喧""采菊东篱下，悠然见南山"的生活，想要如李白一样，豪情万丈地呼一声："安能摧眉折腰事权贵，使我不得开心颜"，然后"举杯邀明月，对影成三人"。所以便有《拟古》一诗：

> 天地忽如寄，人生多苦辛。
> 何如但饮酒，邈然怀古人。
> 南山有闲田，不治委荆榛。
> 今年适种豆，枝叶何莘莘。
> 豆实既可采，豆秸亦可薪。

可是这一切对于他来说，只能是午夜梦回不眠后才从心底的最深处展露出来的最深切的渴望。他是纳兰性德，他的身上流淌着的是叶赫那拉氏英勇的血液，他的父亲是朝廷肱骨大臣，这两层一远一近，一深一浅的关联都叫他不能逃离，责任是他身上永远的枷锁。

所以他只能咏出"蝴蝶乍从帘影度，樱桃半是鸟衔残，此时相对一忘言""结庐倚深谷，花落长闭关。日出众鸟去，良久孤云还。"这样的句子，把自己最真诚的的，在人前不敢流露出来愿望放在那一笔一划中。这种感觉，如同张先《千秋岁·数声鶗鴂》"心似双丝网、中有千千结"的爱怜，如同李煜"剪不断、理还乱"的离愁。

纳兰性德自梭龙归来后，康熙帝并没有让他出入朝堂，依旧只是侍卫之职，纳兰性德越发觉得人生五味，隐居之心越发强盛。

在纳兰性德的朋友中，严绳孙也是一位不慕官场却偏偏陷入官场的人，所以纳兰性德尤其喜欢与严绳孙讨论这方面的事情。早在严绳孙于康熙十五年南归的时候，二十二岁的纳兰性德就在《送荪友》一诗种表露过他对归隐生活的向往。康熙二十三年，纳兰性德扈驾南巡抵达无锡的时候给顾贞观写了一封信，信中说："……倘异日者，脱屣宦途，拂衣委巷，渔庄蟹舍，足我生涯。药臼茶档，销兹岁月。皋桥作客，石屋称农。恒抱影于林泉，遂忘情于轩冕。是吾愿也，然不敢必也。悠悠此心，惟子知之，故为子言之。"一字一言，都可以看出他对归隐生活的向往。康熙二十四年，严绳孙弃官南归，纳兰性德的渴望归隐的这种心情可谓急切。

然而，他早已是身不由己，难以忍受却又无法摆脱。他在《拟古》诗中恼悔年少时候那种追求功名利禄的行径，说："世事看奕棋，劫尽昆池灰。长安罗冠盖，浮名良可哀。不如巢居子，遁迹从蒿莱"。又多有"吾本落拓人，无为自拘束。偶傥寄天地，樊笼非所欲""遁迹从蒿莱"这样表达对官场的失望，想要解脱的诗句，其中的情感抨发，能够感受得到他对这官场已没了分毫的留恋，对自由的生活满满都是向往。

按照纳兰性德的才能和他的理想抱负，如果让其在政治上施展才华，为祖国的统一大业和民族团结大展宏图，也许正遂了纳兰的心愿，但康熙全然不顾纳兰的个性特点和理想愿望，仅凭自己兴致的"天子用嘉"，让纳兰充当了殿前侍卫，如此轻易地改变了纳兰的人生道路，也暗黑了他人生中那条悲怆的仕途路。

第六卷

江　南

青青子衿，悠悠我心

江南，至始至终都是纳兰性德的盼望。

江南的风，带着三月初春的温暖，轻轻地拂过他的面颊；江南的雨，携着涓涓泉水的缠绵，柔柔地敲击在他的心田；江南的人，像子期之于伯牙，成为他一声引以为知己的至交。江南这个地方，对纳兰性德有太多太大的吸引，以至于他这个马背上的满人，在后世人的心间，却仿佛是打江南的烟雨中，撑着一把绘着琼花的油纸伞徐徐走出的温婉公子。

纳兰性的一生也与江南有着不可分割的联系。

他的朋友几乎全是来自于江南，无锡的顾贞观、严绳孙、秦松龄，秀水的朱彝尊，还有慈溪的姜宸英，吴江的吴兆骞……

康熙二十三年（1684 年），在铲除鳌拜专政、平定三藩、抵御沙俄入侵、镇压准噶尔叛乱后，清王朝已经进入了一个繁荣发展的阶段。外患既然已经解除大半，那么接下来康熙帝想要解决的便是内忧的问题了。

这个内忧最重头的便是满汉矛盾。

清军入关后，从北至南均遭到汉族军民的强烈抵抗，尤其是富庶繁华的江南一带。这样的抵抗给清军造成了极为严重的伤亡，为镇压反抗，清军大肆屠城，其中以"扬州十日、""江阴三日、"和"嘉定三屠"三场浩劫最为惨烈，此外还有昆山、嘉兴、常熟、金华、泾县等数十起大屠杀，造成了满汉两族之间难以修复的矛盾，其中尤以江南最为惨烈。所以康熙帝的这次南巡，主要就是为了缓解满汉两族之间的矛盾。他一面展现自己的亲民姿态，一面又显示统治者的威严，继续镇压江南反清势力，同时以及察视河工。

这一次下江南，纳兰性德随扈而行，历经泰山、扬州、苏州、无锡、镇江、江宁、曲阜等地。这是他第一次到江南，从前他只无数次从友人的诗词篇章中感受过江南的美丽繁华。

江南的富庶与平和在这位才子的心间埋下了一颗种子，孕育成一卷《梦江南·江南好》（十首）。

纳兰性德与江南的羁绊不仅如此，还有一个女子维系着他对江南的爱。

那便是沈宛。

这个从江南到达北方，去到他身边的女子，成全了他这一生最后的慰藉。

第一节　盛开在三月江南的烟花

> 昏鸦尽，小立恨因谁。飞雪乍翻香阁絮，轻风吹到胆瓶梅，心字已成灰。
>
> ——纳兰性德《梦江南》

起首一句"昏鸦尽"，不觉令人想起马致远《天净沙·秋思》：

> 枯藤老树昏鸦，小桥流水人家，古道西风瘦马。夕阳西下，断肠人在天涯。

枯藤老树昏鸦。

连昏鸦都飞回去歇息了，一种苍凉之感顿时瞬间爬上心头。从后边两句可以看出，此时正值隆冬，梅花盛开的季节。词人独自一人迎着风雪，心中也如同此时的景致，被幽怨遗憾占满。

飞雪乍起，翻进了闺阁，似如柳絮。柳絮一物，最是离别伤情。晚风习习，吹落了胆瓶中的梅花。这寒风，也像是吹进了他的心中，带着一股寒气，将整颗心都冻结。

这首小令，最是动人莫过于最后一句"心字已成灰"。心字，即心字香。宋晏几道《临江仙》词："记得小苹初见，两重心字罗衣。"明杨慎《词品·心字香》也有："心字罗衣，则谓心字香薰之尔。"又云："所谓心字香者，以香末萦篆成心字也。"心字熏香燃尽，留下一圈烟灰，同时也留下词人"心也成灰"、"心如死灰"的意境。

这最后一句，读来一股涩然。回过头来，词牌名《梦江南》就更是为整首小令填了几分悲愁，一个"梦"字，便将戚戚心境写尽，独留与人无限的想象。

纳兰性德这一生，如果非要用一个来诉说他的生命，那应该就是"情"这个字了。一颗赤子之心，不沾染这尘世间的任何一缕杂物，却偏偏至情至性。欢乐时分，眉眼尽笑，哀戚之时，肝肠寸断。

他这一生，有过极致的欢乐，也有过极致的悲伤。与爱妻卢氏曾经那样地快乐过，絮语黄昏，掩银屏，垂翠袖。只是最后，上天并没有成全他们赌书消得泼茶香的情意，所有的美好都变成了当时，当时只道是寻常。阴阳相隔，月似当时，人已不再。

他一直希望自己能够活在梦中，如果梦，可以不醒。可是梦醒了，他彷如从至美的天上人间，落到了惨绝的阴诡炼狱，直到有一天，江南的风，吹散了眉弯，带走了他的忧愁，带来了让他的心可以继续活着的动容。

那是他的至交好友顾贞观从江南的红尘中为他带来的一首词。纳兰性德的心在这一刻突然就那么悸动了一下，这样的感觉他已经许久都没有过了，他的心被牵引到了一个女子的身上，那个词作后署名为御蝉的江南女子——沈宛。

沈宛这个名字，曾经在很长一段时间内不被人认同，排除在纳兰性德的生命之外。最初知晓，也不过是某几段民间的传言，然后经过考证，见诸于笔端。与纳兰性德的初恋、妻子卢氏官氏等不同的是，沈宛是一个才女，一个写得一手锦绣词章的女子。她的词常被收录进清人所编写的词集中，徐树敏、钱岳所编的《众香词》，蒋重光所编写的《昭代词选》以及徐乃昌编写的《闺秀词钞》、叶恭绰编《全清词钞》等，皆有沈宛的痕迹，其中又以《众香词》刊行最早。

《众香词》中刊登了明末清初 382 名女词人词作，以伦理身份分卷编次，分为六集——笄珈、女宗、玉田、珠浦、云队和花丛。其中笄珈集为笄年女子之作，女宗集为烈女之作，玉田集为伉俪唱酬之作，珠浦集为嫠妇之作，云队集为姬妾、女冠之作，花丛集为歌姬之作。沈宛词五首被收录于云队集中，分别为——

《长命女》：

　　黄昏后。打窗风雨停还骤。不寐乃眠久。渐渐寒侵锦被，细细香消金兽。添段新愁和感旧，挤却红颜瘦。

《一痕沙·望远》：

　　白玉帐寒夜静。帘幌月明微冷。两地看冰盘。路漫漫。恼杀天边飞雁。不寄慰愁书柬。谁料是归程。

《临江仙·春去》：

　　难驻青皇归去驾，飘零粉白脂红。今朝不比锦香丛。画梁双燕子，应也恨匆匆。
　　迟日纱窗人自静，檐前铁马丁冬。无情芳草唤愁浓，闲吟佳句，怪杀雨兼风。

《菩萨蛮·忆旧》：

　　雁书蝶梦皆成杳，月户云窗人悄悄。记得画楼东，归骢系月中。
　　醒来灯未灭，心事和谁说。只有旧罗裳。偷沾泪两行。

《朝玉阶·秋月有感》：

> 惆怅凄凄秋暮天。萧条离别后，已经年。乌丝旧咏
> 细生怜。梦魂飞故国、不能前。
>
> 无穷幽怨类啼鹃。总教多血泪，亦徒然。枝分连理
> 绝姻缘。独窥天上月、几回圆。

并作有作者小传：

> 沈宛，字御蝉，乌程人，适长白进士成性德，甫一
> 年有子，得母教《选梦词》。

《众香词》刊于康熙二十九年（1690 年），距离纳兰性
德康熙二十四年（1685 年）去世，仅五年光阴，且其编著者
之一的徐树敏乃是纳兰性德的老师徐乾学之子。徐乾学前期
与明珠交往十分密集，纳兰性德也常出入徐乾学府邸谈论文
章，则徐树敏与纳兰性德必有所交集，知晓纳兰家事，那么
其所作沈宛小传也就没什么怀疑的了。

沈宛的生世，早已无从考据，历来有红尘歌姬一说。那
个年代被束之闺阁的女子大都少了几分才情，清代对于女子
的束缚已经到了极致，汉人家的女儿更是没有丝毫自由可言。
而沈宛在十八岁的时候，由她所著的《选梦词》便已然流传
开来，加上后来能够撇开牵绊，只身一人与顾贞观一起北上
去见纳兰性德，于是推测她或许是画舫凌波上的一抹风尘。

文人风雅，本就是江南才子的顾贞观自然不会错过《选梦词》，也不会错过这位才女。彼时，纳兰性德一直踌躇于卢氏的亡故而郁郁寡欢，虽后来有续弦官氏，然而始终不得他的心，顾贞观将其愁闷看在眼中，趁着入京的时节，便将沈宛的词带到了最好的朋友身边，希望这个如江南的烟花那般美丽温柔的女子可以为好友带来一丝慰藉，给他的人生带来一抹苍白之外的绯色。

这个在江南的烟雨红尘中穿着一身儿飘渺罗衫，撑一只青竹绘面的油纸伞的女子就这样出现在了纳兰性德的生命中，彷如落日前天空中乍然盛放的一道绚丽光芒，将他的整片天空都照亮，那些曾经的悲哀凄凉，在这一刻，被京城里突然到来的一股暖风吹散。

纳兰性德和沈宛两人，一个身在江南浓浓烟雨中，一个身在京城朔朔北风里，即便是相隔万里，却再也阻挡不了那一刻，相触在云里的两颗心和两缕魂魄。自此雁书蝶梦，情思难掩。除了几个江南的朋友，纳兰性德终于有了一个知心的女子作伴。

纳兰性德钟意沈宛，可从他寄给顾贞观的一封书信中可以窥知一二，《致顾贞观简一通》全文如下：

> 望前附一缄于章藩处，计应彻览。弟比日一与汉槎共读《萧选》，颇娱岑寂，只以不对野王为怅怅耳。黄处捐纳事，望立徙以竣，不可以泄泄委之也。顷闻峰泖

之间，颇饶佳丽，吾哥能泛舟一往乎？前字所言半塘魏
叟两处如何？倘有便邮，即以一缄相及。杪夏新秋，准
期握手。又闻琴川沈姓有女颇佳，望吾哥略为留意。愿
言缕缕，嗣之再邮，不尽。鹅梨顿首。

书简中有"又闻琴川沈姓有女颇佳，望吾哥略为留意"
一句，从后来顾贞观携沈宛到京城与纳兰性德相见可以知晓，
此处的琴川沈姓女指的便是沈宛，其"颇佳"应当是才名流
露。纳兰性德在书信中请求顾贞观留意沈宛。

过后不久又有书简给顾贞观，言："……吾哥所识天海
风涛之人，未审可以晤对否。弟胸中块垒，非酒可浇，庶几
得慧心人，以晤言消之而已。沦落之余，久欲葬身柔乡，不
知得如鄙人之愿否耳。乘兴南往，恐难北上，如尚未发棹，
须由中州从陆，以岁前为期，便当别置帷房，以炉茗相待也。
此扎到日，速以答书见寄，必附章藩，乃能速达。九月廿七
日午刻，饮水弟顿首曰。"

"天海风涛"通常用来带指有才艺的女子，这处应当是
指沈宛，由此可见顾贞观此时已然与沈宛联系上了，并且已
经决意北上。"天海风涛"一语，出自李商隐《柳枝》序，
"柳枝，洛中里娘也。……生十七年，涂妆绾髻，未尝竟，
以复起去。吹叶嚼蕊，调丝擫管，作海天风涛之曲，幽忆怨
断之音……"

第二节　犹恐相逢是梦中

　　十八年来堕世间，吹花嚼蕊弄冰弦。多情情寄阿谁边。

　　紫玉钗斜灯影背，红绵粉冷枕函偏。相看好处却无言。

　　　　　　　　　　　　　　　　——浣溪沙

　　康熙二十三年（1684 年）九月二十八日，康熙南巡。

　　纳兰性德扈东封之驾，锦帆南下。他的这封信写于九月廿七日午刻，正是南巡的前一天。信中又言："以岁前为期，便当别置帷房，以炉茗相待也。"

　　承诺岁前必定归来迎娶沈宛，别置房屋。"炉茗"一词出自文徵明"门前尘土三千丈，不到熏炉茗碗旁。"一句。文徵明的一生除了作画写字赋诗外，唯一的爱好就是饮茶，纳兰性德此意为自己将如文徵明待茶之爱待沈宛。

　　沈宛本打江南北上，纳兰性德又要随扈前去江南，真是阴差阳错，没能遇上个对的时间。纳兰性德这一去，一直到当年十一月二十九才归来，整整三个月的时间。一日不见兮，如三秋兮。三月不见，那得隔了多少个秋！纳兰性德心中必是想念万分。

不过好在，终于是归来了。

纳兰性德已经很久没有这样高兴了，而立之年的他立在宅院的门前，心里边儿带着些微的紧张，双目眺望着大道的尽头。他在等人，等他这辈子最好的朋友顾贞观从江南归来，等顾贞观为他带来那个不曾见面，却已经占满了他的心的女子——江南沈宛。

"士为知己者死"，如顾贞观相救吴兆骞，蹭蹬京师二十三载；"女为悦己者容"，如沈宛初见纳兰性德。虽不知晓她如何样貌，但想来是一身淡雅的衣裙，面容清秀，娥眉淡描，略施粉黛，淡静，素雅……如同纳兰性德梦里江南的那一抹胭脂色。

他是那样地爱着江南，慕着江南。江南的清风细雨，江南的花红叶绿，江南的青石小路上传出的婉转叫卖声……这一切都叫他盼望。钟情，仿佛只是那么一瞬间的事情，又仿佛是早已钟情，只是在见到的那一刻越发地爱恋罢了。

这一次的相见，有别于高山流水，多了几分男女间的柔情与缠绵。

这样两个有着相同的才情，相同的心绪，又相互爱慕的人走到一起，他们的生活就像是诗词里吟诵的、画里描绘的那样，每一分每一秒都透露着三月春光般的温煦。

纳兰性德此去江南，带回来一卷《梦江南·江南好》，在摇曳的灯火下，与沈宛一起描绘着那份只属于江南的美。

其一

江南好，建业旧长安。紫盖忽临双鹢渡，翠华争拥六龙看。雄丽却高寒。

江南如此的美好，建业，那是旧时的古都京城。这首小令，描绘了纳兰性德随驾初到建业时候，众人欢迎，夹道相望的情景。"紫盖忽临双鹢渡，翠华争拥六龙看"这本该是一首兴盛欢快的曲调，然而词风一转，最后却坠以"雄丽却高寒"一句，大有"高处不胜寒"的不甚落寞。表面上虽指皇帝仪仗，却也难免感怀自己，身份越高，就越是生出一股孤寂来。

其二

江南好，城阙尚嵯峨。故物陵前惟石马，遗踪陌上有铜驼。玉树夜深歌。

这一首依旧写建业古都，开头一句江南好，读来却是满篇苍凉兴废。城阙嵯峨，陵前乱石，断壁残垣，萧瑟凄凉。词中所说的"陵"，应当是指明太祖朱元璋孝陵，天下更替时毁于硝烟，"铜驼""玉树"两物，皆有江山兴亡之意。

其三

江南好，怀故意谁传？燕子矶头红蓼月，乌衣巷口绿杨烟。风景忆当年。

旧地重游，难免怀古。那种从心头冉冉而起的"意"，唯有独自感怀。燕子矶头，红蓼花轻盈地开放在月光底下，乌衣巷口，垂杨柳清冷地编织出一层层迷离的清烟。这两处胜地，当年想必也是如此。

其四

江南好，虎阜晚秋天。山水总归诗格秀，笙箫恰称语音圆。谁在木兰船？

江南之行一路走来，已经到了苏州虎丘。虎丘的晚秋，山水如诗，笙箫之音绵绵不断，吴侬语软醉人心。那些他从前只听那群江南朋友们描绘，只在诗词中间见到过的，只从沈宛的身上感受到的江南的气息，在这瞬间凝成了他心尖上的诗篇。木兰画舫里的小船，女子是谁？

其五

江南好，真个到梁溪。一副云林高士画，数行泉石故人题。还似梦游非。

梁溪，无锡，顾贞观的家乡！知己故乡如我乡，纳兰性德按捺不住心中激动，发出一句是耶非耶的感叹：真个到梁溪！"云林高士"是是元代无锡的书画大家倪瓒，字云林，在纳兰性德的朋友中，严绳孙工书画，犹同倪瓒。无锡的山水，一泉一石间似乎都能找寻到友人的气息，真要感叹一句

"还似梦游非?"是梦中游吗?

其六

> 江南好，水是二泉清。味永出山那得浊，名高有锡
> 更谁争。何必让中泠。

二泉，是无锡惠山泉，茶圣陆羽评之为"天下第二泉"，故此也称"二泉"。"味永出山那得浊"一句，乃是反杜甫《佳人》："在山泉水清，出山泉水浊"一句，这二泉之水，即便是出山亦是清泉。这处何尝不是暗表自己虽宦海沉浮，但心却如同这二泉清水一般，一直未曾改变。二泉美名远扬，没有哪里是输给"中泠"的。中泠泉，天下第一泉。

其七

> 江南好，佳丽数维扬。自是琼花偏得月，那应金粉
> 不兼香。谁与话清凉。

维扬即扬州别称。扬州的美景，不可胜数。虽不见烟花三月的琼花之美，却还能得见一轮月光，正是"天下三分明月夜，二分无赖是扬州"。花香馥郁，谁与同赏?可惜那个能够陪自己在这清凉之夜中公话词话的人，此刻还北地的飘雪中。

其八

> 江南好，铁瓮古南徐。立马江山千里目，射蛟风雨
> 百灵趋。北顾更踟蹰。

铁瓮是镇江北固山前的一座古城，辛弃疾有《南乡子·登京口北固亭有怀》云："何处望神州？满眼风光北固楼。千古兴亡多少事？悠悠，不尽长江滚滚流！……"还有《永遇乐·京口北固亭怀古》等词，皆是写此地风云。千古兴亡，王朝更替，寻常巷陌，已是不堪回首，一片踟蹰在心头。

其九

江南好，一片妙高云。砚北峰峦米外史，屏间楼阁李将军。金碧蠹斜曛。

妙高山上云缭绕，登妙高抬将镇江绝景尽收眼底。用"米外史"和"李将军"两个典故，将镇江的如画风景跃然笔端，李将军，即唐代李思训、李昭道父子，官拜左武卫大将军，又是绘画大家，画称金碧山水。在金碧之间，蠹以斜曛夕阳，更见飘渺仙境。

其十

江南好，何处异京华。香散翠帘多在水，绿残红叶胜于花。无事避风沙。

江南，与京华之地并没有什么差异，碧水暗香，叶绿花红，更没有北地的金戈铁马，有的只是一片醉人美景，令人流连。读这首小令，难免让人想起最经典的白居易《忆江南》："江南好，风景旧曾谙。日出江花红胜火，春来江水绿如蓝，能不忆江南。"两首小令，异曲同工，将江南的那片祥和温暖由笔尖刻入记忆。

十首《江南好》，将纳兰性德的这次江南之行铺展开来。泰山、扬州、苏州、无锡、镇江、江宁、曲阜……这是他第一次从北地的风霜到达江南的烟雨红尘，同样也是最后一次。在与沈宛说起他在江南的这番感触，纳兰性德彷如又回到了少年时期，有了可以相对话思量的人，有了每日的期盼，有了想要永以为好的人，于是也有了这首《浣溪沙》：

> 十八年来堕世间，吹花嚼蕊弄冰弦。多情情寄阿谁边。
>
> 紫玉钗斜灯影背，红绵粉冷枕函偏。相看好处却无言。

这首词中的女子是谁，一直颇受争议，有人认为是卢氏，因为卢氏和纳兰性德成婚的时候正好是十八岁。正好合了这句"十八年来堕世间"。然追究其源头，此句乃是出自李商隐《曼倩辞》："十八年来堕世间，瑶池归梦碧桃闲。"紧接着第二句"吹花嚼蕊"源头亦是李商隐《柳枝》序："柳枝，洛中里娘也……吹叶嚼蕊，调丝擫管，作天海风涛之曲，幽忆怨断之音。"后来"吹花嚼蕊"又被引申为推敲声律、词藻等文墨之事，"冰弦"一词更是点出此女子擅音律。卢氏不善文墨，不通音律，可知此女子当不是卢氏。再则，前文中纳兰性德他在写给顾贞观的书简中亦有"天海风涛之人"的指代，这首词是写给沈宛的已确切无疑。"十八年"句或指沈宛年纪，或指沈宛如天上岁星，解为溢美之词。像是错落人间的仙子，坠落到"我"的身边。

紫钗横斜，烛花无赖背银缸，将瑶钗的影子暗暗投影。红绵、枕函，勾勒出一副女子镜前卸妆就寝的画面。当真是桃之夭夭，灼灼其华。面对如桃花般的慧心红颜，心中欢乐到了极处，已经无法用言语表达，于是有"相看好处却无言"。

只是他跟沈宛的差异实在太大。他是青云之上的贵胄，而沈宛不过是茫茫风尘中的一粒尘埃，横亘在他们之间的不仅仅是门第上的落差，还有满汉两族之间的矛盾——旗民不结亲，即旗人和非旗人不能通婚。

满族人建立清政权后，为了巩固统治，推行八旗制度。八旗包括满人、蒙古骑兵、汉军旗人，同时也包括部分达斡尔族、鄂温克族、鄂伦春族和锡伯族。所有在旗的人称不在旗的汉人为"民人"，旗人与非旗人有着非常严格的区别，于是形成了"满汉不通婚"的风俗，即旗人与非旗人之间不能通婚。

沈宛是个汉人家的女儿，且已经没有可能成为汉军旗人了。不论是从身份地位还是民族间的矛盾来说，明珠拒绝了这个女子进入大学士府。

这一年的岁暮，纳兰性德还是顶着父亲的威压，依照自己当初给顾贞观写信时候做下的承诺，给了沈宛名分，纳沈宛为妾，另居别院。此后，有沈宛的宅院变成了纳兰性德的家，即便没有人承认。

第三节　待结个他生知己

> 乌丝画作回纹纸，香煤暗蚀藏头字。筝雁十三双，输他作一行。
>
> 相看仍似客，但道休相忆。索性不还家，落残红杏花。
>
> ——纳兰性德《菩萨蛮》

沈宛成了纳兰性德的妾室，陪伴在了这个她仰慕的男人的生变，只是不被家庭和世人承认的局面以及不容于人前的妾室的身份到底还是成了沈宛心中的结，尽管身边有良人的陪伴，可远离家乡的孤寂之感依旧让她心生惆怅，夜深人静时，难免梦到她的家乡，江南。梦到那里的温暖，梦到那里的温声笑语。她开始想念江南了，纳兰性德有《遐方怨》记录沈宛思乡之情景：

> 欹角枕，掩红窗。梦到江南伊家，博山沉水香。
> 浣裙归晚坐思量。轻烟笼浅黛，月茫茫。

纳兰性德央求顾贞观带沈宛入京，本意是想要浇"胸中块垒"，然而沈宛的愁却似乎更甚，他不得不借词篇安慰沈宛。如《菩萨蛮》：

> 惜春春去惊新燠，粉融轻汗红绵扑。妆罢只思眠，江南四月天。

绿阴帘半揭，此景清幽绝。行度竹林风，单衫杏子红。

沈宛的身份一直没有得到纳兰家的认同可能是导致她思乡的一个重要原因，纳兰性德对此也唯有亏欠愧疚，所以当沈宛提出回江南的要求的时候，纳兰性德拒绝不了，他只能用他的词作曲意挽留，想要请她到初夏杏花开罢的时节再回去，于是又有一首《菩萨蛮》：

乌丝画作回纹纸，香煤暗蚀藏头字。筝雁十三双，输他作一行。

相看仍似客，但道休相忆。索性不还家，落残红杏花。

"索性不还家，落残红杏花"一句何其直接，只是沈宛还是走了，纳兰性德去为她送行，纵使有千言万语，合在一起，也不过如柳永的那首《雨霖铃》一般情景：

寒蝉凄切，对长亭晚，骤雨初歇。都门帐饮无绪，留恋处，兰舟催发。执手相看泪眼，竟无语凝噎。念去去，千里烟波，暮霭沉沉楚天阔。

多情自古伤离别，更那堪冷落清秋节！今宵酒醒何处？杨柳岸，晓风残月。此去经年，应是良辰好景虚设。便纵有千种风情，更与何人说？

纳兰性德看着这个给了自己温暖和的女子离开的背影，

不是不想挽留，只是早已失去了留住她的资格，只能以一首《梦江南》的小令抒发自己那一腔不舍和一怀愁绪。

"昏鸦尽，小立恨因谁，急雪乍翻香阁絮，轻风吹到胆瓶梅。心字已成灰。"彤云密布的黄昏，一只瘦小的乌鸦飞过寂寥的天空，独立西风，惆怅无绪。急雪突然翻飞，跃进了她的闺房，风吹落了胆瓶里的梅花，那心字的熏香，已然只余灰烬，如同他此时的心境。

沈宛走了，回到了江南，她不知道被她带走的，还有纳兰性德的光亮和希望，她也不会知道，这一别，竟成永诀。康熙二十四年（1668 年）五月三十日，纳兰性德因"七日不汗"而逝。

一首《临江仙》，借春去之意，写自己形单影只，如飘零落花，只留下浓愁遗恨。词云：

难驻青皇归去驾，飘零粉白脂红。今朝不比锦香丛。画梁双燕子，应也恨匆匆。

迟日纱窗人自静，檐前铁马丁冬。无情芳草唤愁浓，闲吟佳句，怪杀雨兼风。

难以留住青皇，就像留不住她的良人，春去花凋，正是她如今境遇，也比不得往昔花丛锦香，有良人再畔时的曼妙。便是那画梁上的燕子，也恨这春日太过匆匆。窗前无人，只能听见雨水滴在石阶上的叮咚声。芳草无情，却唤起了人心的悲愁，惹得人吟诵那旧日的词章，只恨这风雨不测，叫人生死别离！

尔后又作《菩萨蛮·忆旧》将她与纳兰性德相处时的点滴书于纸上：

> 雁书蝶梦皆成杳，月户云窗人悄悄。记得画楼东，归骢系月中。醒来灯未灭，心事和谁说。只有旧罗裳，偷沾泪两行。

从前他们鸿雁传书、同寝蝶梦的日子终究成了过往，如烟云一般无影无声，再也寻不到踪迹了。月光洒进云窗之中，只照出寂寥的孤人影。纳兰性德有词《忆江南》："春去也，人在画楼东。芳草绿黏天一角，落花红沁水三弓。好景共谁同？"沈宛此处又言"画楼东"，同引李商隐《无题》"画楼西畔桂堂东"一意，指代他们居住之地，又有曾经心有灵犀，红粉知音的意思。凄冷月夜中，她不禁回想起了那时纳兰性德侍职晚归，月下踏马而来，将青骢马系在树杆上的情景。那些情景，以后只能在梦中见到了。每到此处，只能用沾着旧日气息的罗裳，偷偷地将两行清泪淹没。

另有《朝玉阶·秋月有感》作于辞乡北上一年之际，云：

> 惆怅凄凄秋暮天。萧条离别后，已经年。乌丝旧咏细生怜。梦魂飞故国、不能前。

   无穷幽怨类啼鹃。总教多血泪，亦徒然。枝分连理绝姻缘。独窥天上月、几回圆。

  自"萧条离别后"已经有一年的光景了，这一年，她的凄楚惆怅，无穷幽怨，心中悲苦无人能诉，也无可奈何。"情"之一字，不知所起，不知所栖。元好问有《摸鱼儿》："问世间，情为何物，直教生死相许？天南地北双飞客，老翅几回寒暑。欢乐趣，离别苦，就中更有痴儿女。君应有语：渺万里层云，千山暮雪，只影向谁去？"大概正是沈宛如今的写照吧！

  纳兰性德逝世后，时人做墓志铭，徐乾学《通议大夫一等侍卫进士纳兰君墓志铭》说："配卢氏，两广总督、兵部尚书、都察院右副都御史兴祖之女，赠淑人，先君卒；继室官氏，光禄大夫少保一等公朴尔普女，封淑人；男子子二人，福哥，（墨钉）；女子子一人，皆幼。"

  韩菼的《通议大夫一等侍卫进士纳兰君神道碑铭》也作："娶卢氏，赠淑人，两广总督尚书兴祖之女。继官氏，封淑人，某官某之女。子二：长曰福哥，次曰某；女二，俱幼。"

  姜宸英《通议大夫一等侍卫进士纳腊君墓表》言："娶卢氏，继官氏。其中外世系，详载阁学所撰墓志铭及顾舍人华峰所次行述。副室以某氏。生子二人，女子一人。子长曰福哥，次某。"

唯姜宸英墓表中有说副室某氏，然而此某氏为颜氏还是沈宛，顾贞观的《纳腊侍卫行状》有说及，不过可惜《纳腊侍卫行状》一文并没有刊刻流传下来。不过以顾贞观与沈宛的关系，他作为纳兰性德与沈宛这段姻缘的连接，这里的"副室"则多半是指沈宛了。

至于其余人墓志铭中提到卢氏、官氏和二子，却并未见得有"沈宛"二字，可见沈宛确实是不被明珠家承认的。只是后来在研究纳兰时，北京郊区发现了一块纳兰性德的墓碑刻石，碑文跟《通志堂集》附录上刊登的略有不同，记事更为详实，其中对于纳兰性德的子嗣有这样的记载：

"男子子二人：福哥、永哥，遗腹子一人。"

福哥即富格，是纳兰性德妾室颜氏所出；永哥即纳兰性德次子富尔敦，小名"海亮""永哥"，那么遗腹子，则为沈宛之子，名富森。

从徐树敏《众香词》小传中看，富森最初是跟随沈宛生活的，明珠家并没有承认这个孩子的存在，以至于徐乾学在看出《通志堂集》时，对其后附录的《通议大夫一等侍卫进士纳兰君墓志铭》删改文字，加以润色，以附和明珠。

康熙二十六年（1687年）明珠罢相，《众香词》编著在其后三年，那么提出沈宛"适长白进士成性德，甫一年有子，得母教《选梦词》"之言，也就没什么可顾忌的了。而姜宸英在当时就已经与明珠党结怨，墓表中提及沈宛则也没有什么顾忌。至于一直跟随母亲的遗腹子富森之后终归于纳兰家，无从得知，只是在康熙三十七年（1700 年），纳兰性德的长子富格离世之前，他已经住在纳兰家了。

第七卷

玉 碎

有匪君子，如切如磋

瞻彼淇奥，绿竹猗猗。有匪君子，如切如磋，如琢
如磨，瑟兮僴兮，赫兮咺兮。有匪君子，终不可谖兮。

瞻彼淇奥，绿竹青青。有匪君子，充耳琇莹，会弁
如星。瑟兮僴兮。赫兮咺兮，有匪君子，终不可谖兮。

瞻彼淇奥，绿竹如箦。有匪君子，如金如锡，如圭
如璧。宽兮绰兮，猗重较兮。善戏谑兮，不为虐兮。

这是《诗经·卫风》中的一篇，叫做《淇奥》，用
来形容纳兰性德再合适不过了。"君子"一词，常见于
先秦典籍之中，原本是只君王之子，而后经孔子，被赋

予了道德，所谓："君子之道者三，我无能焉。仁者不忧、知者不惑、勇者不惧。"仁义、博学、无畏这三样东西是作为一个君子不可或缺的要素，而纳兰性德，他的家世足以满意先秦时候君子的含义；他对"失路无门者"相援相煦，尽力扶助，为就顾贞观的朋友吴兆骞而呕心沥血，是为仁义；年少修书，同各家学说，登门入仕，得二甲进士第七名，是为博学；觇梭龙，孤身前往梭龙边境，探察沙俄军事形势，是为无畏。他的行为，足以称得上一位君子。

然而尽管君子如玉，却也终究有玉碎之时。唯一的侥幸在于，这块玉在什么时候碎，以什么样的方式碎。

康熙二十四年（1685 年）五月，纳兰家的这块从天上降下来的玉终于还是没能留与人间。他在人间的这一遭，留下了两段不染尘埃的凄美爱情，几段来自江南和两个民族的真挚的友谊，还有一本绝美的《饮水词》，同时留下的，还有那"纳兰心事几人知"的后世人的无限的遗憾。

人生若只如初见，何事秋风悲画扇。……

纳兰性德，这个本只该存在于理想的纯粹的世界中的人儿，在五月走完了染着浓愁的一生。

第一节　一生都为寒疾累

独客单衾谁念我，晓来凉雨飕飕。缄书欲寄又还休，个浓憔悴，禁得更添愁。

曾记年年三月病，而今病向深秋。卢龙风景白人头，药炉烟里，支枕听河流。

——纳兰性德《临江仙·永平道中》

这首《临江仙·永平道中》作于前往梭龙的途中，这一次前往梭龙，纳兰性德是作为皇帝的亲信侍卫的身份前往的，郎坦、彭春等人带领的人马早在八月的时候就已经出发，纳兰性德在九月初的时候才从京师出发，朋友兼画师经岩叔也在十月的时候与他告别返回了京师，纳兰性德孤身一人前往郎坦所在的驻扎营，不免生出一种天涯客的孤独来，再加上天上下了雨，冷飕飕的感觉更是让人的心生出几分凄冷，不免有"独客单衾谁念我"这样的感叹。

他写了一纸缄书，想要寄给远方的人，诉说他如今心底的苦楚，可终究还是忍住了，他已经有这般愁怨了，如何又能把那装着自己满满的浓愁和憔悴的书信寄给他人，也让他人添了愁，为他担这份心呢？

本来就是孤身一人在外，说尽了离愁，那"年年三月病"却也到访，越发地使人憔悴。一句"而今病向深秋"既是在表明如今生病的时间，未尝不是一语双关，表明病情加重，以前三月份才发的病，如今在这秋季的路途中就再次复发，这病，真是越来越重了，若是以四季划分，怕是已经到了"向秋"的阶段，难以好转了。

梭龙的风景，总是带着一种关外的萧疏，让见惯了繁华的纳兰性德感到萧瑟难忍，让他本就愁怨的心境更是添了一分浓愁，于是有"白人头"这样的感叹。生病让他不得不缠绵于病榻，与汤药作伴，孱弱的身体带给他的是一种无可奈何，无可奈何这病体，也无可奈何他如今的命运，他只能躺在床上，支起半截身子，无聊地听着外边河里流水的声音，就像他这日渐流逝的生命和从前的热忱一样。

寒疾，这仿佛是纳兰性德命定的克星。

早在康熙十二年的时候，十九岁的纳兰性德就因为突然寒疾而错过了廷试，以至于只能眼睁睁地看着同自己一同学习的朋友一个个榜上有名，而他只能裹在暖裘里，想象着别人意气风发的模样。对着老师徐乾学送来的樱桃，做出一番"分明千点泪，贮作玉壶冰"的感叹，以及"感卿珍重报流莺。惜花须自爱，休只为花疼"。（《临江仙·谢馈樱桃》）的客套答谢。

再然后，便是一首《幸举礼闱以病未与廷试》，"晓榻茶烟揽鬓丝，万春园里误春期"感叹自己时运不济，耽误了考试的时机。自己未能赶得上廷试，"紫陌无游"，绝对不是因为才学不够，只是因为染了重病，他的梦想依旧存于心间，等再到了春天的时候就会生根发芽，开出美丽的花朵来。

这时候的纳兰性德年纪还小，也还没有出入官场，对于生命，他是怀揣着希望，拥抱着光明的，哪怕他身患寒疾，哪怕他偶有忧愁，暗恨自己得了这病，却绝对不会去想这个病竟然会从这一次开始，常伴自己一生，让他再也不能离开药炉轻烟。

这一年的重病之后，纳兰性德似乎落下了病根儿，在词中多有受病痛折磨的苦涩之句，在此之前，他的词中多是带着光明和温暖的气息，虽然偶有凄凉，也只是停留在词句表面上的凄凉。寒疾就像是在他的心中埋下了一团阴霾，时时刻刻缠绕着他，以至于染成了他略带阴郁的性格。

　　丝雨如尘云著水，嫣香碎拾吴宫。百花冷暖避东风。酷怜娇易散，燕子学偎红。
　　人说病宜随月减，恹恹却与春同。可能留蝶抱花丛。不成双梦影，翻笑杏梁空。

　　　　　　　　　　　　——《临江仙》

这一首《临江仙》正是他在病中所作。已经是东风又起的春日，燕子偎红，蝶抱花丛，本该是一副万物欣欣向荣的景象，然而对于他来说，却是神思恹恹，不仅一点儿也提不起兴趣，反而觉得这春日的繁荣底下都带着几分萧瑟，究其源头，不过是因为寒疾。"人说病宜随月减"，他的病却从寒冷的冬季一直延续到了春日里。

纳兰性德的寒疾，似乎是每一年都要犯上一次，于是才有了他在《临江仙·永平道中》所说的"曾记年年三月病"，这个病，每年的三月份都要造访，在去往梭龙的途中，这寒疾更是提前了，在深秋季节便已经来到，以至于他不得不在行途中辗转病榻，难脱药炉的局面。

从梭龙归来后的第二年，纳兰性德又病了，这一次生病，让他在缠绵病榻了许久。而那年十月，好友吴兆骞的死更是加剧了他的病情。

吴兆骞对于纳兰性德来说，是一个十分关系十分微妙的朋友，当年与顾贞观认识并且成为至交好友，便是为着营救吴兆骞一事。他通过父亲的关系花了五年的时间筹谋，终于如期将吴兆骞救出了宁古塔。或许是为了感激纳兰性德的相救恩情，又或许是纳兰性德想要扶助这个被关了二十多年的极富才名的朋友，所以聘为了家中西席，给才八岁的弟弟纳兰揆叙做老师。吴兆骞年初入明珠府，到秋日期间，便南归省亲去了，然而已经在北方住了二十多年的吴兆骞好不容易回到了江南，却在江南生了大病。纳兰性德听闻他生病，便写书催促他北上，吴兆骞继续住在明珠府，继续任揆叙的老师，只是或许是多年心愿已了，吴兆骞这一病，竟然病了整整一年，到康熙二十三年（1684 年），病卒于京师。

吴兆骞离世的时候，纳兰性德连夜作悼文。这个时候，他的寒疾也应该再次到访，同样是饱受病苦，纳兰性德伤痛于好友的去世，本来就心情郁结不畅，再加上自己身染重病，必然越发忡忡。他的那种忧郁的性格，难免不让他缅怀自己，生出一种兔死狐悲的哀情来。

寒疾本身就已经造成了他身体上的孱弱，再加上心中的郁结不开，不免越发加重了病情，一直到这年四月，挚友严绳孙要返归江南故里了他却依旧在病中。

> 高云媚春日，坐觉鱼鸟亲。
> 可怜暮春候，病中别故人。
> 莺啼花乱落，风吹成锦茵。
> 君去一何速，到家垂柳新。
> 芙蓉湖上月，照君垂长纶。
>
> ——《拟古》

这一首《拟古》正是作于严绳孙弃官归江南之后，一句"可怜暮春候，病中别故人"点出他在暮春时节却依旧身在病中，明明是天高云淡，花开莺啼的时候，他却要要面对友人的离别。严绳孙这一次是回去隐居终老的，一别之后，恐怕难以再见，纳兰性德难舍的同时，对于严绳孙将要过上的隐士生活又无比的羡慕，因为他自己，即使是缠绵病榻，也逃不开纳兰这个姓氏的羁绊，逃不开做一个侍卫的涩然。

纳兰性德的词风中的悲彻和无聊固然是跟卢氏的离世以及他仕途不称心有关，然而造成他心忧以及对仕途现状产生不满的根源却是因为他的性格。除了一直所接受的儒家的"治国平天下"的鸿愿的影响外，其实与他患有寒疾也有很大的关系。

寒疾造成了他忧郁伤己的性格，也就间接地造成了他作为一个世家子，却忧从中来，最后郁郁不得志而一生悲戚的落幕。

第二节　渌水亭的最后绝响

　　　　阶前双夜合，枝叶敷花荣。疏密共晴雨，卷舒因晦明。

　　　　影随筠箔乱，香杂水沉生。对此能消忿，旋移迎小楹。

——《夜合花》

　　康熙二十四年（1685 年）五月二十三日，这一日对于纳兰性德来说十分重要，因为他阔别已久的好友梁佩兰再度上京来了。他特地在渌水亭设宴，邀请了在京好友顾贞观、姜宸英、朱彝尊等人汇聚一堂，为梁佩兰接风洗尘。

　　梁佩兰，字芝五，号药亭，广东南海县人。他出生于崇祯二十八年（1628 年），与姜宸英同岁。梁佩兰和纳兰性德结交的时间应该是极早的，那个时候的梁佩兰为了考试一直留滞京师，两人由此结识。他在《赠成容若侍中》一诗中就曾回忆过初识纳兰性德时的场景："劝我入帝京，结束衣与装……不辞道路艰，来登君子堂""及尔见君子，和颜悦且康；顾念我草泽，自忘躬貂珰"。

　　然而梁佩兰却一直没有考中进士，一直到康熙二十年

（1681 年）南还，纳兰性德作《点绛唇·寄南海梁药亭》
相送：

> 一帽征尘，留君不住从君去。片帆何处，南浦沉
> 香雨。
> 回首风流，紫竹村边住。孤鸿语，三生定许，可是
> 梁鸿侣？

再然后，梁佩兰就一直未再到过京城，这一次他不远万
里从广东奔赴京城，只是因为接了纳兰性德的手书，那是纳
兰性德邀请他上京共同编著词集。

那封到达梁佩兰手中的信就是《与梁药亭书》，像纳兰
性德的词一样，总能从其中找到自己的影子，然后直击人心
底最柔弱的地方。信中写道：

> 仆少知操觚即爱《花间》致语，以其言情入微，且
> 音调铿锵、自然协律。唐诗非不整齐工丽，然置之红牙
> 银拨间，未免病其版摺矣。从来苦无善选，惟《花间》
> 与《中兴绝妙词》差能蕴藉。自《草堂词统》诸选出，
> 为世脍炙，然陈陈相因，不意铜仙金掌中竟有尘羹涂饭，
> 而俗人动以当行本色诩之，能不齿冷哉。
>
> 近得朱锡鬯《词综》一选，可称善本。闻锡鬯所收
> 词集凡百六十余种，网罗之博、鉴别之精，真不易及。
> 然愚意以为，吾人选书不必务博，专取精诣杰出之彦，

尽其所长，使其精神风致涌现于楮墨之间。每选一家，虽多取至十至百无厌，其余诸家，不妨竟以黄茅白苇盖从茭荑青琐绿疏间。粉黛三千然得飞燕玉环，其余颜色如土矣。

天下惟物之尤者，断不可放过耳。江瑶柱入口而复咀嚼，鲍鱼马肝有何味哉。仆意欲有选如北宋之周清真、苏子瞻、晏叔原、张子野、柳耆卿、秦少游、贺方回，南宋之姜尧章、辛幼安、史邦卿、高宾王、程钜夫、陆务观、吴君持、王圣与、张叔夏诸人多取其词，汇为一集，余则取其词之至妙者附之，不必人人有见也。不知足下乐与我同事否？有暇及此否？处雀喧鸠闹之场而肯为此冷淡生活，亦韵事也。望之。望之。

这封信的大体意思是说他觉得当今世上，没有一部称心如意的词选，而他想要编著这样一本，不是面面俱到，收录的词篇也不用广博，一意求佳即可，他已经想好了大致的思路，多摘取苏轼、晏几道、张先、柳永、秦观等人的词作，不知道梁先生愿不愿意和他一起做这件事？有没有时间做这件事？

这封信写得很直接，梁佩兰接了手书之后就立即动身来了京城。纳兰性德自然也是极为高兴的，所以在渌水亭设了这场宴会。自从吴兆骞去世，严绳孙弃官回了江南，他又一直备受寒疾的折磨，已经很久没有这么高兴了。

明府花园的渌水亭一直都是他招待朋友读书著文的地方，文人集会，自然不能少了文字游戏，早前，纳兰性德与友人们一同郊游的时候就赋过一首《浣溪沙·郊游联句》：

> 出都寻春春已阑，（陈其年）
>
> 东风吹面不成寒，（秦松龄）
>
> 青村几曲到西山。（严绳荪）
>
> 并马未须愁路远，（姜宸英）
>
> 看花且莫放杯闲，（朱竹垞）
>
> 人生别易会长难。（成容若）

在康熙二十一年（1682年）上元月的时候也邀请了友人共集花间草堂，饮宴赋诗。赋诗作词的唱和几乎已经是他们集会中必不可缺的一项游戏，这一次自然也没有例外，纳兰性德指了庭院中的两棵夜合花让大家分题歌咏。于是有了他的这首《夜合花》：

> 阶前双夜合，枝叶敷花荣。疏密共晴雨，卷舒因晦明。
>
> 影随筠箔乱，香杂水沉生。对此能消忿，旋移迎小楹。

夜合花又名夜香木兰，树约三五米高，冠如碧盖。盛夏时节开出满树轻粉色的小花，花状如伞，香味幽馨，每日清晨开放，夜幕来临时候便自行闭合，故名夜合花。

　　渌水亭中的这两棵夜合花树，乃是纳兰性德亲手栽植，而今树已长大，人也长大了。有人说这两棵夜合花树当年是纳兰性德与卢氏一起种植的，纳兰性德娶卢氏之后，似乎进入无人之境的桃花源，整日里只与卢氏吟诗赋词，卧看描眉，过着最浪漫的无忧生活。那么在庭院中种植两株树，等待他们长大这样的浪漫的事情也并非没有可能，只是终究无从得知那段已经消逝了的往日，权且只当是赋予这两棵树一种带着枯黄陈旧的颜色的情怀。

　　一句"对此能消忿"让这首咏物诗增添上了几分情感，他有什么"忿"需要消呢？是缠绵的寒疾？是仕途的不得意？亦或是，即将要到来的亡妻的忌日？就快要到五月三十日了，八年前的这个时候，卢氏离开了他，由此心中的那股"忿"意便再也没有停歇过。上天何其残忍，不禁夺走了他的妻子，还夺走了他的理想，将一个纷繁复杂的世界赤裸裸的摆在他的面前，破碎了他的梦想。这"忿"意，他忍了八年，一直煎熬在心头，他的那可累累伤痕的心几乎就快要承担不起了。

　　对于这场宴会，众人应该都是高兴的，因为他们也同纳兰性德一样，才刚刚失去了两位好友，同样的郁结，同样的想要通过新朋友的加入洗去离别的沉闷，于是纷纷加入唱和。姜宸英便作了一首《夜合花容若斋头同梁汾、药亭、天章》：

　　　　窗前故摇曳，况复晓风吹。得地为交让，生庭即采芝。

分阴上阶薄，交翠拂帘迟。良会欢今日，无烦蠋
忿为。

姜宸英的这一首唱和之作，颇有一种"今朝有酒今朝
醉，明日愁来明日愁"的感慨。他自是听出了好友诗中的真
意，知道他心中的烦忧，对他所说的"忿"能够感同身受，
所以的最后一句也能坠以一个"忿"字，劝他今日高兴，就
暂且放下心中的烦愁吧。

朋友相交，贵在知心，贵在真心。纳兰性德以真心对人，
人自以真心对之，见他烦忧，自然相劝，只是纳兰性德心中
的烦忧已经凝结到"剪不断、理还乱"的地步了。旁人，终
究不能疏通，而他自己，只是时不时的为本来就已经杂乱不
堪的衷肠再添上一丝一缕，让其更加纠结罢了。

越是愉快的场景底下就越是难掩悲伤，纳兰性德的心中
又起了涟漪。阶前的那两颗夜合花树开得是如此的灿烂，就
像他的过往岁月，也曾经有过这样繁华的时候。他开始怀念
亡妻，怀念那个被现实击得支离破碎的桃花源。

这个时候的纳兰性德绝不会想到，今日繁华之后，那个
让他一生受累的寒疾竟然会再一次的笼罩他，遮挡了他头顶
上的阳光，将他牢牢地圈进一团暗无天日的阴霾中。他也绝
没有想过他将将才将梁佩兰从广东请到了京城，好与他一道
编著一本令自己有所慰藉的词集，却突然就要被迫着中断，

被迫着食言；他也绝没有去想，这饮酒作乐游戏之下的一首
《夜合花》竟然会成了他的绝笔之作。

没有人想到。

就像大家都习惯了纳兰性的年年犯病，身体羸弱，却也
从来没有想过他有一天会因为这病而从这个世界上消亡，再
也没有精彩绝伦的诗词篇章从他的笔端绽放。

第三节　一宵冷雨葬名花

> 林下荒苔道韫家，生怜玉骨委尘沙。愁向风前无处
> 说，数归鸦。
> 半世浮萍随逝水，一宵冷雨葬名花。魂是柳绵吹欲
> 碎，绕天涯。
>
> ——纳兰性德《山花子》

五月三十日，这一天对于纳兰性德来说，太过重要。

正是八年前的这一天，他挚爱的妻子离他而去。而今，
他也没能熬得过这一日。或许，这就是命运给予他的最后的
恩赐，让他虽然不能够与亡妻同月同日生，却成全了他的同
月同日死，留下一段为人感动的爱情；让他虽不能在漂泊于
世的时候实现他对那片桃花源的梦境的向往，却成全了他将
来一直生活在那片桃源之中，再不必为这世事感到忧愁。

这一年，本应当是纳兰性德可能会受到重用的一年。三十而立，男子到了三十岁便是到了该要立业的时候了，纳兰明珠到三十岁的时候正好摆脱了侍卫的职位，去了内务府做总管，一跃成为朝中正二品官员，管理皇家大小事务。

这一年，纳兰性德刚刚过完他的三十一岁生辰，即将迈向三十一岁的时候，英明睿智的康熙帝就迎来了他的三十二岁诞辰。天子诞辰，自然隆恩非常，但凡是身边的得意人，都赐了赏，纳兰性德常年跟随他身边，自然没有落下。他得到了一首康熙亲笔写下的唐朝贾至《早朝》诗：

> 银烛朝天紫陌长，禁城春色晓苍苍。
> 千条弱柳垂青琐，百啭流莺绕建章。
> 剑佩声随玉墀步，衣冠身惹御炉香。
> 共沐恩波凤池上，朝朝染翰侍君王。

这首诗，描绘的官僚们上早朝时候的情景。但凡是皇帝的举动，很多情况下都是故意为之，康熙帝特意选了这首诗赠给纳兰性德，不得不说这已经是一种暗示了，暗示着想要提拔这个跟随了自己八年的侍卫，这个已经赢得了天下士子的敬佩和友善的满洲才子——他的朝堂需要一位在汉人中有着极好声誉的官员。尽管他一直喜欢有这样一个可以随时附和自己吟诗作词的人在侧，但这样的人，放在朝堂之上的价值比待在他身边做侍卫要大上许多。

几乎所有的人都猜测到了皇帝的意思，纳兰性德将要由宫廷出入朝堂了。果然，次月下旬，康熙帝又下旨让纳兰性德赋《乾清门应制》诗，并且命他将《松赋》译为满文。如果说赠送纳兰性德亲笔诗时，时人都是在猜测皇帝的意思，那么令其赋诗和翻译的举动，则已经相当于直接地告诉了他的臣民，他将要大用性德了。

大概是感知到这段时间的不同，纳兰性德那颗本来已经沉寂的心有怦然起来，他生出了编订词集的想法。于是给远在千里之外的广东的朋友梁佩兰去了一封信笺，邀请他北上和自己一起来完成这一部他所构想的当世最好的词集。梁佩兰上京，纳兰性德设宴款待，五月二十三日，他与有人在渌水亭集会，尽情尽兴，尽管内心深处的浓愁会时不时地出来打扰他一番，然而终归说来，他已经很久没有这样的高兴了。

只是，高兴之后，纳兰性德竟然在次日一病不起。

所有人都没有对这场病过于地重视，因为纳兰性德已经犯了太多次的病，在所有人的眼中，他这一次病倒与从前没什么差别，不过是重了一些，随着夏日的到来，他的这个病自然也就好了。

所以尽管明珠府的所有人都为着纳兰性德的病烦忧，但至少前几日的时候，并没有人担心，直到纳兰性德一连几天一直不发汗，所有人才意识到这一次的病似乎来得非同寻常，似乎将要由什么东西呼之欲出，就像明明握在手上的一块美玉，却突然生出了一种马上就要碎裂的那种慌张。

　　纳兰性德是一块玉，温润通透，熠熠无瑕。可是现在，这块玉躺在床榻上，面如金纸，一呼一吸间，都像是一只被抛弃在了岸上的游鱼，那样的困难。

　　这年五月，康熙出塞，由于纳兰性德生病，也就没有令他随扈，并且特地恩许了纳兰明珠也留在京中照看。纳兰性德作为明珠府的长子，长子身负家门重责且又备受皇帝的荣宠，又是明珠倾尽半生的心血才打造出的美玉，对于这个儿子自然对之爱怜万分。再则次子揆叙年幼，虽然也极其喜好诗书，但无论如何都不可能赶得上纳兰性德在满汉初融的时候就名誉天下的时机。乱世出英雄，这是一个亘古不变的道理，即便将来揆叙大成，但比起乱世里的那一朵莲花，终究会少了几分不可言说的风华。

　　明珠一直极其宠爱这个儿子，即便在许多事情上，两人的观念都有所冲突，但这并不妨碍纳兰性德对明珠的孝顺，也不妨碍明珠对儿子的爱。《清史稿·纳兰性德传》便记录了一段生活中的纳兰性德和明珠。"性德事亲孝，侍疾衣不解带，颜色黧黑，疾愈乃复。"纳兰性德侍奉明珠极其孝顺，有一次明珠生病，纳兰性德衣不解带的照顾，儒家讲究"重衣冠"，加上身世的缘故，纳兰性德平日里自是极其注重自己的外表，只是这一切在父亲生病的时候都可以抛弃。他日夜守候在父亲床前，一直到衣服的颜色都已经随着汤药和日子被熏黑，父亲的病好了之后才回自己屋里去将衣服换洗。

如今，纳兰明珠立在儿子的床边，看着他痛苦的模样，听着他艰难的呼吸的声音，是否也回忆起了那时候的事情了呢？

一层阴云弥漫在明珠府的上空，这个从前宾客满门的大学士府邸，此刻正笼罩在山雨欲来风满楼的氛围中。这种压抑，让所有人都感到喘不过气来，所有人都如同那个躺在床上的美玉一般，小心翼翼的艰难呼吸着。

五月三十日了。

这一天，明珠府更加沉郁。这是卢氏的忌日，往年每到这个时候，纳兰性德都极是伤情，府中人都心照不宣地陪着一起沉郁，尽管他们的大公子已经有了新的女主人。今年的五月，再也没有人去祭奠那个故去的如花的女子了。

纳兰性德躺在床榻上，这已经是他不汗的第七日了，体内的寒气找不到排解之处，将他的五脏六腑都冻结，不能呼吸。仿佛间，他在浑浑噩噩的迷茫中触到了今天的日子。五月三十日，他的灵台突然一阵清明。他想起了卢氏刚刚嫁给他那时的如画容颜，想起她坐在窗棂旁望着窗外那盛开的海棠的模样，想起她对着妆镜，一遍又一遍地描绘着眉毛，却又因为没有画好而焦躁带着小气性的模样……或许，他紧接着又开始回忆自己的一生，自小学习汉人的文化，十七岁入太学，得到老师的赏识，继而成功中举，又拜得名师，尽管后来因为寒疾没能够参与最后的廷试，但是他却在那段时间博览群书，写成了《通志堂经解》，而后闻名于天下，结交无数江南友人，又娶了卢氏为妻，生活美满。只是卢氏离世，他入了仕途，这才发现这个世界与他想象中的是那样的不同，处处充满了尔虞我诈，他在帝王身边当值，每走一步都是小心翼翼，不敢出丝毫的纰漏。

这一生太短暂，短暂到他还没有来得及实现他编订词集的愿望，短暂到他连再见沈宛一面的机会都没有；然而这一生又太长了，他在尘世中挣扎了这许久，早就感到了生命的无聊，所以一直在求一个解脱。

半世浮萍随逝水，一宵冷雨葬名花。

纳兰性德终于还是没能熬过这个五月，没能够看到六月荷花盛开的模样。这个为世人所羡的世家儿郎，这个在词坛上绽放了一束最耀眼的光芒的温润才子，在他生命的第三十一个年头，在五月三十日的这一天，化作天地间的一片雪，飘落在一笺墨纸上，消融了。

别有根芽，不是人间富贵花。

三百年前，他走过，广袤的天空，留下了他的痕迹，"如鱼饮水，冷暖自知"——《饮水词》。

附　录

徐乾学：通议大夫一等侍卫进士纳兰君墓志铭

内阁学士兼礼部侍郎教习庶吉士昆山徐乾学撰文
经筵讲官都察院左都御史泽州陈廷敬篆盖
日讲官起居注翰林院侍读学士钱塘高士奇书丹

呜呼！始容若之丧，而余哭之恸也。

今其弃余也数月矣。余每一念至，未尝不悲来填膺也。呜呼，岂直师友之情乎哉！余阅世将老矣，从吾游者亦众矣，如容若之天姿之纯粹，识见之高明，学问之淹通，才力之强敏，殆未有过之者也。

天不假之年，余固抱丧予之痛，而闻其丧者，识与不识，皆哀而出涕也，又何以得此于人哉！太傅公失其爱子，至今

每退朝，望子舍必哭，哭已，皇皇焉如冀其复者，亦岂寻常
父子之情也。至尊每为太傅劝节哀，太傅愈益悲不自胜。余
间过相慰，则执余手而泣曰：惟君知我子，惠邀君言，以掩
诸幽，使我子虽死犹生也。余奚忍以不文为辞。顾余之知容
若，自壬子秋榜后始，迄今十三四年耳。后容若入侍中，禁
廷严密，其言论梗概，有非外臣所得而知者。太傅属痛悼，
未能殚述，则是余之所得而言者，其于容若之生平，又不过
什之二三而已。

呜呼！是重可悲也。

容若姓纳兰氏，初名成德，后避东宫嫌名，改曰性德。
年十七补诸生，贡入太学。余弟立斋为祭酒，深器重之，谓
余曰：司马公贤子非常人也。明年，举顺天乡试，余忝主司，
宴于京兆府，偕诸举人青袍拜堂下，举止闲雅。越三日，谒
余邸舍，谈经史源委及文体正变，老师宿儒有所不及。

明年会试中式将廷对，患寒疾，太傅曰：吾子年少，其
少俟之。于是益肆力经济之学，熟读通鉴及古人文辞，三年
而学大成。岁丙辰应殿试，条对凯切，书法遒逸，读卷执事
各官咸叹异焉。名在二甲，赐进士出身。闭门埽轨，萧然若
寒素，客或诣者辄避匿。拥书数千卷，弹琴咏诗，自娱悦而
已。未几，太傅入秉钧，容若选授三等侍卫，出入扈从，服
劳惟谨，上眷注异于他侍卫。久之，晋二等，寻晋一等。

上之幸海子、沙河，及西山、汤泉，及畿辅、五台、口

外、盛京、乌刺，及登东岳，幸阙里，省江南，未尝不从。先后赐金牌、彩缎、上尊御馔、袍帽、鞍马、弧矢、字帖、佩刀、香扇之属甚夥。是岁万寿节，上亲书唐贾至《早朝》七言律赐之。月余，令赋《乾清门应制》诗，译御制《松赋》，皆称旨，于是外庭金言，上知其有文武才，非久且迁擢矣。

呜呼，孰意其七日不汗死也！

容若既得疾，上使中官侍卫及御医日数辈络绎至第诊治。于是上将出关避暑，命以疾增减报，日再三，疾亟，亲处方药赐之，未及进而殁。上为之震悼，中使赐奠，恤典有加焉。容若尝奉使觇梭龙诸羌，其殁后旬日，适诸羌输款，上于行在遣宫使拊其几筵哭而告之，以其尝有劳于是役也。于此亦足以知上所以属任之者非一日矣。

呜呼，容若之当官任职，其事可得而纪者，止于是矣。

余滋以其孝友忠顺之性，殷勤固结，书所不能尽之言，言所不能传之意，虽若可仿佛其一二而终莫能而悉也，为可惜也。容若性至孝，太傅尝偶恙，日侍左右，衣不解带，颜色黝黑，及愈乃复初。太傅及夫人加餐，辄色喜，以告所亲。友爱幼弟，弟或出，必遣亲近傔仆护之，反必往视，以为常。其在上前，进反曲折有常度。性耐劳苦，严寒执热，直庐顿次，不敢乞休沐自逸，类非绮襦纨袴者所能堪也。自幼聪敏，读书一再过即不忘。善为诗，在童子已句出惊人，久之益工，得开元、大历间丰格。尤喜为词，自唐、五代以来诸名家词皆有选本，以洪武韵改并联属，名《词韵正略》。所著《侧帽集》后更名《饮水集》者，皆词也。好观北宋之作，不喜南渡诸家，而清新秀隽，自然超逸，海内名为词者皆归之，他论著尚多。其书法摹褚河南，临本禊帖，间出入于《黄庭内景经》。当入对殿廷，数千言立就，点画落纸无一笔非古人者。荩绅以不得上第入词馆为容若叹息，及被恩命，引而置之珥貂之行，而后知上之所以造就之者，别有在也。

容若数岁即善骑射，自在环卫益便习，发无不中。其扈跸时，雕弓书卷，错杂左右，日则校猎，夜必读书，书声与他人鼾声相和。间以意制器，多巧倕所不能。于书画评鉴最精。其料事屡中，不肯轻为人谋，谋必竭其肺腑。尝读赵松雪自写照诗有感，即绘小像，仿其衣冠，坐客或期许过当，弗应也。余谓之曰：尔何酷类王逸少！容若心独喜。所论古时人物，尝言王茂弘阘茸阘茸，心术难问；娄师德唾面自乾，大无廉耻，其识见多此类。间尝与之言往圣昔贤修身立行，及于民物之大端，前代兴亡理乱所在，未尝不慨然以思。读书至古今家国之故，忧危明盛，持盈守谦，格人先正之遗戒，有动于中未尝不形于色也。

呜呼，岂非大雅之所谓亦世克生者耶？而竟止于斯也，夫岂徒吾党之不幸哉！

君之先世有叶赫之地，自明初内附中国，讳星恳达尔汉，君始祖也，六传至讳养汲弩，君高祖考也。有子三人，第三子讳金台什，君曾祖考也。女弟为太祖高皇帝后，生太宗文皇帝。太祖高皇帝举大事而叶赫为明外捍，数遣使谕，不听，因加兵克叶赫，金台什死焉。卒以旧恩，存其世祀。其次子即今太傅公之考，讳倪迓韩，君祖考也。

君太傅之长子，母觉罗氏，一品夫人。渊源令绪，本崇积厚，发闻滋大，若不可圉。配卢氏，两广总督兵部尚书都察院右副都御史兴祖之女，赠淑人，先君卒；继室官氏，某官某之女，封淑人；男子子二人，福哥，女子子一人，皆幼。

君生于顺治十一年十二月，卒于康熙二十四年五月己丑，年三十有一。君所交游，皆一时儁异，于世所称落落难合者，若无锡严绳孙、顾贞观、秦松龄、宜兴陈维崧，慈溪姜宸英，尤所契厚。吴江吴兆骞久徙绝塞，君闻其才名，赎而还之。坎坷失职之士走京师，生馆死殡，于赀财无所计惜。以故君之丧，哭之者皆出涕，为哀挽之词者数十百人，有生平未识面者。其于余绸缪笃挚，数年之中，殆日以余之休戚为休戚也，故余之痛尤深，既为诗以哭之，应太傅之命而又为之铭，其葬盖未有日也。

铭曰：

天实生才，蕴崇胚胎，将象贤而奕世也，而靳与之年，谓之何哉！使功绪不显于旂常、德泽不究于黎庶，岂其有物焉为之灾。惟其所树立，亦足以不死矣，亦又奚哀！

注：据《通志堂集》，较墓志碑文有出入。

姜宸英：通议大夫一等侍卫进士纳腊君墓表

君姓纳腊氏，其先据有叶赫之地，所谓北关者也。父今大学士、宫傅公；母一品夫人，觉罗氏。君初名成德，字容若，后避东宫谦名，改名性德。以今年乙丑五月晦卒。卒而朝之士大夫及四方知名之士避于京师者，皆为君叹息泣下。其哀君者，无问识不识，而与君不相闻者，常十之六七。然皆以当今失君为可惜，则君之贤之才可知矣。

君年十八九联举礼部，当康熙之癸丑岁。未几也，予与相见于其座主东海阁学公邸，而是时君自分齿少，不愿仕，退而学经读史，旁治诗歌古文词。又二年，对策则大工。时皆谓当得上第，而今上重器君，不欲出之外廷，置名二甲，久之，授三等侍卫，再迁至一等。

自上所巡幸西苑、南海子、沙河及医巫闾山，东出关玉乌喇，南巡上泰岱，过祀阙里，渡江以临吴会，君鲜不左橐鞬右橐笔以从。遇上射猎，兽起于前，以属君，发辄命中，惊其老宿将。所得白金绮绣、中衣袍帽、法帖佩刀、名马香扇之赐，前后委属。间令赋诗，奉诏即奏稿，上每称善。

二十一年八月，使规梭龙羌。其地去京师重五六十驿，间行或累日无水草，持干粮食之。取道松花江，人马行冰上竞日，危得渡。仅抵其界，卒得其要领还报，上大喜。君虽跋涉艰险，归时从奚囊倾方寸札出之，叠数十纸，细行书，皆填词若诗，略记其风土方物。虽形色枯槁不自知，反遍示客，资笑乐。

性雅好读书，日黎明间省华，即骑马出，入值周庐，率至暮，虽大寒暑，还坐一榻上翻书观之，神止闲定，若无事者。诗萧闲冲淡，得唐人之旨。然喜为长短句特甚。尝言："诗家自汉魏以来，作者代起，姓氏多澌灭。填词滥觞于唐人，极盛于宋，其名家者不能以十数，吾为之易工，工而传之易久。而自南渡以后弗论也"。其于词，小令取唐五代，宗晏氏父子；长调则推周、秦及稼轩诸家"。以为其章法转换，顿挫离合之妙，正与文家散行体何异，而世故薄之，何耶？故即第左葺茅为庐，常居之，自题曰"花间草堂"。视其凝思惨淡，终合天巧，真若有自得之趣者。

今年五月辛巳，君将从驾出关，连促予入城。中夜酒酣，谓予曰："吾行从子究竟班马事矣，子谓我何如？予笑曰："倾闻君论词之法，将无优为之耶？"是时，窃视君意锐甚。明日予出城，君固留，愿至晚，予不可。送予及门，曰："吾此行以八月归，当偕数子为文字之游。如某某者，不可以无与，君宜为我遍致之。"

先是万寿节，上亲书唐贾至《早朝》诗赐君；月余，令赋《乾清门应制》诗及译御制《松赋》，皆称旨。于是复挈予手曰："吾倘蒙恩得量移一官，可并力斯事，与公等角一日之长矣。"意郑重若不忍别者。然不幸以明日得疾，遂不起。年止三十一。

以君之才与志，使假之天年，古人不难到。其终于此，命也。居闲素填密，与人交，遇意所不欲，百方请之不可得谒。及其所乐就，虽以予之狂，终日叫号慢侮于其侧，而不予怪，盖知予之失之不偶，而嫉时愤俗特甚也。然时亦以此规予，予辄愧之。君视门阀贵盛，屏远权势，所言经史绝不及时政。所接一二寒生罢吏而外，少见士大夫。

事两亲，退食必在左右。遇公事必虔，不避劳苦。尝司天闲牧政，马大蕃息。侍上西苑，上仓卒有所指挥，君奋身为僚友先。上叹曰："此富贵家儿，乃能尔耶！"其感激主恩深厚，思所图报，日不去口。

然视文章之士，较长絜短，放浪山水，跌宕诗酒，而无所羁束，今限不得身与其间，一似以贪为可乐者。于世事如不经意，时时独处深念，则又怅然抱无穷之思。人问之，不答。以此竟死，其施不得见，其志未就也。而吾辈所区区欲为君不朽之传者，亦止于此而已。

悲夫！君始病，朝廷遣医络绎，命刻时以状报。及死数日，梭龙外羌款书至。上时出关，即遣官使就几筵哭而告之，以前奉使功也。赙恤之典，皆溢常格。

呜呼！君臣之际，生死之间，其可感也已。

君所辑有《词韵正略》、《全唐诗选》，著诗若干卷；有集名《侧帽》、《饮水》者，皆词也。书行楷遒丽，得晋人法。娶卢氏，继官氏。其中外世系，详载阁学所撰墓志铭及顾舍人华峰所次行述。副室以某氏。生子二人，女子一人。子长曰福哥，次某。

姜宸英：成容若祭文

呜呼！国之璠玙，家之骐骥，曷不少延，而厄其至。

自兄之死，无知不知，而骤闻之，鲜不涕洟，况我於兄，其能不悲。

我始见兄，岁在癸丑，时才弱冠，叩无不有，马赋董策，弹丸脱手，拔帜南宫，掩芒北斗。兄一见我，怪我落落，转亦以此，赏我标格。人事多乖，分袂南还，旋复合并，於午未间，我蹶而穷，百忧萃止。

是时归兄，馆我萧寺。人之猜猜，笑侮多方，兄不谓然，待我弥庄。俯循弱植，恃兄而强，继余忧归，涕泣澜澜，所以腆赙，怜余不子。非直兄然，太傅则尔，趋庭之言，今犹在耳，何图白首，复遘斯行，削牍怀粲，著作之庭，梵筵栖止，其室不远，纵谈晨夕，枕席书卷。

余来京师，刺字漫灭，举头触讳，动足遭跌。兄辄怡然，忘其颠蹶，数兄知我，其端非一。我常箕踞，对客欠伸，兄不余傲，知我任真。我时嫚骂，无问高爵，兄不余狂，知余疾恶。激昂论事，眼睁舌挢，兄为抵掌，助之叫号。有时对酒，雪涕悲歌，谓余失志，孤愤则那、。

彼何人斯，实应且憎，余色拒之，兄门固扃。充兄之志，期於古人，其貌其形，直肖其神，在贵不骄，处富能贫，宜其胸中，无所厌欣。忽然而夭，岂亦有云，病之畴昔，信促余往，商略文选，感怀悽怆。梁吴与顾，三子实来，夜今之诗，分咏同裁，诗墨未干，花犹烂开，七日之间，玉折兰摧。

呜呼已矣，宛其死矣。我将安适，行倚徙矣，世无兄者，谁则容我？为去为留，无一而可。兄今不幸，所欠者年，其不亡者，乐府百篇，诗词蕴藉，书体精研，吾党诠次，以待劂镌。生而克才，为天子使；殁而名垂，以百世俟，茫茫大造，几人如此？

魂之有知，永以无伤，嗟二三子，是亦难忘。

严绳孙：哀词

吾友成子容岩以疾卒於京邸，时余方奉假南归，病暑淹於途次，不获一遂寝门之哭。且中情惝恍未忍信其遽然。及还里门有仆归自京师骤诘其语乃知吾友之亡信矣。

呜呼哀哉！

始余以文字交於容若，时容若方举礼部为应时之文。丙辰以后，旁览百氏，习歌诗乐府。既官於朝不能时时读书。然尝所涉览，辄契古作者之意。於前人书法，皆得之形体结撰之外，故不类俗学比。喜小词，每好为之，当其合作宋诸名家不能过也。或感触风景，扈从山川，时复有作，及以相质欣赏其长，而剔抉其所短，莫不厘然，各当于心焉。

初容若年甚少，于世无所措意，既而论文之暇，闲语天下事，无所隐讳。比岁以来，究物情之变态，辄卓然有所见干其中。或经时之别一再接其绪论未尝使人不爽然而自失也。盖其惊敏如此，使更假以年，吾安知其所极哉。

夫容若为吾师相国子，师方朝夕纶扉以身系天下之望。容若起科自寻擢侍殿，陛益密迩天子左右人以为贵，近臣无容若者，夫从惊敏如彼而贵近若此，此其夙夜寅畏，视凡人臣之情必有百倍而不敢即安者，人不得而知也。

岁四月余以将归，入辞容若时，坐无余人，相与叙生平之聚散，究人事之终始，语有所及，怆然伤怀久之。别去又送我于路，亦终无所复语。然观其意，若有所甚不释者，颇怪前此之别未尝有是。余因自惟衰飒之年，恐一旦溘先，朝露以负我良友。又念余即未遽北返，容若且从属车南幸，当相见于九峰二泉之间。是时冀哀飒者尚无恙也。

呜呼！岂谓容若之强且少，而先我长逝哉。向使知其如此，少迟吾行犹得凭棺一恸。虽复老疾交迫，当不以故土之恋易此须臾矣。唐李德裕以宰相子继登台辅，深习典故，用能懿业烂焉，光于史册。容若夙奉庭训，顷且益被主知，兹其殁也，天子所以哀而恤之者皆出於异数。足知上之任用之意未有量。乃竟不得一展其才，而徒以乐府小道，自託於金荃兰畹之遗。使后世缀文之士抚卷而三叹也。

呜呼！岂非家国之均痛哉。爰为文哀之。辞曰：

仰崇山之郁崒兮，薄青云以上浮。置身於其巅兮，情坎凛以怀忧。

蹑高步於昭昭兮，秉小心之翼翼。入余登於螭头兮，出望鸡翘以云集。

谓华腴其足乐兮，夫焉察君之中情。竭悃款以展采兮，用无忝於所生。

抗侧帽之高唱兮，聊以导夫郁积。假玩物以永日兮，其肯以吾心而为役。

灿金题与玉躞兮，错钟彝之虫篆。曾何金石之可保兮，矧云烟之过眼。

君既洞烛乎人世兮，又何怀乎故宇。睰亲闱之罔极兮，亮百生而莫补。

在瞿昙之往说兮，或有託以去来。岂诚前因之不可昧兮，欸遗迹乎尘埃。

嗟余生之落兮，蹇纡郁其谁语。託末契於忘年兮，率中怀以相许。

历一纪以及兹兮，山川犹其间之保。离会於百年兮，忽中道而长辞。

余不乐乎秋风兮，吹归心以南堕。纷饮泣以狐疑兮，冀道闻之未果。

胡昊天之不吊兮，人琴忽其俱捐。从此望玉河之门馆兮，首燕路而不前。

泣白雪於遗编兮，袭银钩於故牍。苟斯人其可作兮，何百身之莫赎。

梦余登於君之堂兮，易缥缃以穗帷。飘风槭其入户兮，落叶依於重闱。

惟西河之永痛兮，欲寄慰其何言。戒素车其犹未达兮，心怅结而烦冤。

浮生悯其伤逝兮，顾崦嵫之已迫。指九壤以为期兮，庶永託乎晨夕。